SV

Jürgen Becker

Die Rückkehr der Gewohnheiten

Journalgedichte

Suhrkamp

Dieses Buch wurde klimaneutral produziert.

Klimaneutral
Druckprodukt
ClimatePartner.com/14438-2110-1001

Erste Auflage 2022

Satz: Satz-Offizin Hümmer GmbH, Waldbüttelbrunn
Druck: GGP Media GmbH, Pößneck
Printed in Germany
ISBN 978-3-518-43045-3

Die Rückkehr der Gewohnheiten

für die Erinnerung an Rango Bohne

– *fortsetzend das Selbstgespräch*, und wie es hervorkommt
aus dem Schatten des früher Gesagten, an der langen Leine
von etwas, das man Kontinuum nennt.
Regenfelder, Februar
fängt an; tagsüber Licht in den Häusern. Ob man
es merkt oder nicht, fast täglich hört eine Epoche auf.
Hausdächer aus den dreißiger Jahren; Straßen mit Biographien,
die wegen Verdacht der Nachprüfung unterliegen; Windböen,
ein paar krachende Ziegel. Der Deutschlandfunk bringt
keine Verkehrsmeldungen mehr.
Stille liegt noch
zwischen Westwall und Maginot-Linie im Februar 40: Zeilen
für einen Lebenslauf, der hineinreicht ins Blickfeld
zwischen Baukränen und dem Himmel Berlins. Jahrzehnte
schreiben mit in einer Küchentisch-Chronik, in der, ob
mit richtig oder falsch geschriebenem Namen, jeder von uns
vorkommt.
Der Vormittag. Ein Chinese taucht auf,
und Passanten wechseln die Straßenseite.
Zuhause sehe ich, daß die Zeitung, die ich
an der Tankstelle kaufte, von gestern ist.
Der Nachmittag. Gestern war, als mein Vater
noch lebte und von Leuten erzählte,
die alle deutschfreundlich waren in Ländern
vor und nach dem Krieg.
Im Nachbarland
Stimmen, die es anders erzählen, und ob man
zuhörte oder aus dem Zimmer ging –
Schnitt.
Nachrichten stündlich. Die Züge fuhren wieder,
eingleisig im Osten, zweigleisig im Westen, bis

wo eine Brücke im Wasser lag.
Variationen
in einer Reihenfolge, die sich an die Daten hält.
Mit Daten nur, das ist so eine Sache, die
einmal vertraut, dann wieder verwirrend erscheint.
Sicher, im Rückblick rutschen die Bilder zusammen,
und so wird ungenau, was du sagst. Zuverlässig
bleibt der Bleistift, der erst schreibt, wenn die Hand
ihn bewegt –
Wenn nachts die weiße Katze
draußen auf der Bank liegt, ein heller Streifen
sich unter den Vorhängen herzieht, das Licht
im Garten des unbewohnten Hauses angeht
und die kreisenden Scheinwerferarme sich kreuzen
über den dunklen Rändern der Stadt –
Augenblicke
entscheiden, wo es langgeht, wohin sich
das nächste Geschehen bewegt; von alleine passiert
nichts. Und was du mitbekommst, reicht nicht aus,
um all die Zusammenhänge zu sehen, ohne die
kein Wasserkessel summt, der Bildschirm schwarz,
die nächste Seite leer bleibt.

Was tut man, wenn man nichts tun kann.
Es schneit. Der Schnee bleibt nicht liegen.
Es schneit weiter.
Schweigeminuten, die sich wochenlang hinziehn.
Dann helfen Zitate weiter.
Der alte Schrank, der alte Ausgehanzug.

Und wieder kommt Post nicht, auf die ich warte
seit Wochen. Die Sache mit Großmutter und ihrem Enkel,
damals im Garten, bleibt stumm ein Geheimnis;

den alten Geschwistern, die darüber reden, hört
keiner zu. Das Photoalbum der Familie
zieht keine öffentliche Spur ... fast schon
ein Trost, daß man unter sich bleiben und bestimmen kann,
wann die Gräber eingeebnet werden

– vielleicht ein Versuch,
die Zeit aufzuhalten und geräumtes Gelände
zurückzugewinnen. Weit kommst du nicht mehr, aber
fang nicht damit an, deine Schritte zu zählen; allein
dein Schatten, falls Sonne vorhanden, begleitet dich.

Sonntagmorgen. Beim Frühstückmachen schneide ich mir
in den Finger. Ich denke, die Blutorange vom Discounter
will mich warnen vor dem Paradies. Draußen im Geäst
baumeln schlaffe Luftballons, und ich lese Seite 3
aus der Sonntagszeitung vor.

Zeitgenossen
mit Durchblick, fliegender Wechsel zwischen Küchenstuhl
und rotem Teppich. Im Inneren nagen die Zweifel,
aber der Sog der Drehtür läßt kein Innehalten zu.
Nicht alles sagen, was man weiß; im Radio kann man
das Stirnerunzeln nicht hören oder wenn einer immer nur
nickt.

Hört man die Veränderung in der Stimme ... man hört
sie nicht; auch die Kinderzeit-Stimme, bis in den April
der Todesanzeige, behielt ihren eisklaren nordischen Klang
(einmal im Jahr ging das Telefon). Erst spät, nach
einem langen Schweigen, liegt etwas wie Sandpapier
zwischen den Geräuschen des Sprechens, das zögernd
über schmale Atemwege kommt. Kein Wortlaut
für mobilmachende Mitteilungen; die Muschel springt nicht
auf; gelassen rollt die Dünung hin und her

– kann sein,
daß man mit jedem Wort das Falsche sagt. Dennoch,

im Krisenfall versteht man sich. Möglich auch, daß
man das Richtige sagt und damit die Krise erst
auslöst. So oder so, es kommt auf die Art
des Verstehens an, auf Vorgänge im Hintergrund,
die fürs Protokoll nicht vorgesehen sind. Mitbringsel,
die Nachspeise, das Mienenspiel der Beteiligten,
die Stimmungslage läßt sich ja steuern. Rollkoffer,
Twitter, der Fahrer weiß wohin –
                                                            Gegenden, Städte,
die man nicht wiedersehen wird. Man blättert
in der Reisebeilage und schaut den Zugvögeln nach.
Seekarten, Stadtpläne liegen verstaubt im Regal.
Der Landweg führt zum Briefkasten gegenüber;
zu Wasser geht es quer über die Pfützen im Hof;
der Wolkenzug überm Vorort stiftet den Luftweg.
Im Wandschrank der Geruch von alten Lederkoffern, und
läßt man nachts das Fenster offen, hört man,
wie auf der Autobahn das Meer rauscht.

Weitere Variationen. Am nächsten Morgen
Rührei mit Tomaten. Toronto läßt grüßen; beim
Wiedersehen gab es den Coffeeshop nicht mehr.
Vergessen den Wortlaut der Gespräche, die wir
in drei Sprachen versuchten, aber geblieben ist
ein Spurenverlauf, der bis in diese Zeilen führt.
Daß etwas davon kenntlich wird, wundert mich,
denn die Entfernung hat sich beschleunigt,
die Verwischungen breiten sich aus …
                                                                  aber das kennen
wir ja. Das Früher: ein Repertoire. Es ist verfügbar
für jeden Fragebogen. Es liefert Zitate, wo es
um Anklage geht, um die Rechtfertigung, ums Verstehen,
wenn es an der Erfahrung fehlt, an Augenzeugen,

am Dabeigewesensein. Man kann es als Muster
benutzen, das zu jeglichem Verhalten paßt, ob
Persilschein, Blütezeit, Verkehrsdelikt, Rutschgefahr.
Andernfalls, wäre es wie vermintes Gelände, wie Gartengefilde
mit Selbstschußanlage, dann stünde man zögernd da;
man scheute das Risiko, die Nutznießerei
mit einer Verletzung, Verstümmelung zu bezahlen.
Wie hätte ich selber in diesem Früher … man muß
sich schon fragen und nicht so tun, als sei
im Nachhinein alles im Lot. Im Nachhinein: die Chronik
der Ungewißheit und des Erschreckens, ein imaginärer Text,
in dem so viele Stimmen mitgeschrieben haben, fremde
und allzu vertraute, ein Ensemble der Widersprüche,
Täuschungen und Möglichkeiten … Zu Lebzeiten
kein Ende in Sicht, in Sicht wie der Horizont, den
wir nie erreichen –

erreichbar der Tisch
und was darauf liegt. Eine Fläche, die was nun
bedeuten kann, wenn der Tisch leer steht, wenn er
zu sagen scheint: jetzt ist es soweit, jetzt fang nochmal
von vorne an. Ebenso möglich: Schluß jetzt, alles vorbei,
hau ab. Aber dazu kommt es ja nicht … Graphitstaub,
Tabakkrümel, Fingerabdrücke, der Schatten des Fensterkreuzes;
dann flattert ein erster, ein zweiter Zettel heran,
darüber rutscht dann die Zeitung, die Teetasse, Post
und Aschenbecher … Du siehst, wie langsam und logisch
ein Durcheinander entsteht, das vertrauter ist als
die Situation, die ein gnadenloses Wischundweg hinterläßt.
Gewohntes, nicht wahr, mischt sich da ein; stets hält es
ein paar Stichworte parat, wenn's läutet einer Rückfrage
wegen. Es steuert ein bißchen mit bei schlingerndem Kurs,
und für die Treppe hinauf und hinab zum Festhalten das Geländer.

Im Hamburger Treppenhaus unter der Dachschräge das Plakat
mit der Inschrift: Halte dich fest, bis ich komme.

Der Blick ging über ein Hofgelände, von dem man wußte,
daß hier die an der Pest Gestorbenen begraben wurden.

Abends ging man aus, nachts blieb man weg, am Morgen
wußte man nicht, was alles gewesen war.

Glücksreihen am Ende unbestimmter Tage.

In einer Zeile die beiden einzigen Titel.

Dokumente von Ereignissen mit unbestimmtem Ausgang.

Manchmal, wenn man hochschaute, sah man, daß Rehe
auf den Wiesen vor den Fenstern standen.

Nicht mehr als einzelne Sätze aus der Geschichte einer Flucht.

Im weißen Hemd, mit schwarzer Lederjacke.

Selten, daß es richtig warme Tage gab. Und die Tage
im Winter waren selten richtig kalt.

Im Norden machten wir uns auf den Weg in den Süden.

Der Abschied für länger war ein Abschied für immer.

Möbelwagen vor dem Haus seit der Kinderzeit bis später.

So vieles bekam man nicht mit, schon gar nicht,
wie etwas anfing. Hattest du Leute gesehen,

die mit Taschenlampen nach einer Hausnummer suchten?
Konntest du hören, was einer dem anderen
zugeflüstert hat? Bei der Abfahrt schon gewußt,
daß die Mutter nicht zurückkommt? Zögertest du,
weiterzusprechen beim Knacks in der Leitung?
                                        Heute,
am Morgen schon, ist es stiller als sonst, und stiller
als sonst bleibt der ganze Tag. Vielleicht
scheint es nur so; in jedem Fall parken
am Straßenrand alle die Autos, die sonst tagsüber
unterwegs sind. Dafür sieht man Leute gehen, die Tüten,
Papierrollen tragen, und jeder achtet darauf, daß
er dem anderen nicht zu nahe kommt. Am Fenster
alte Leute, die nach den Kindern unten im Vorgarten
schauen, mehr Kinder auch als sonst –
                                        aber die Hummeln
dröhnen im Magnolienbaum, der seine Blütenmassen
in die Offensive treibt, plötzlich und gefährlich früh,
denn greift die Nacht mit frostkalten Händen zu, bleibt
nur ein braungefärbtes Gebaumel zurück. Aufgeklappt,
wie Befreite, warten die Gartenstühle im Garten,
daß der Himmel auf- und die Saison losgeht, und
stellen wir den Gartentisch dazu mit einer blauen Decke
drauf und Geschirr, haben wir gleich ein Motiv, falls
noch einmal der Impressionismus vorbeischaut.
                                        Geflirr
im Begleitgrün der A 4, trotz Gas, Stau und Konsorten.
Die Kavallerie in unserem Vorort … was war und was
vergessen ist, Napoleon am Stadtrand unterwegs nach Rußland.
Zum Besuch der Geschichte Kaffee und Käsekuchen; Kopien,
die ans vergessene Original erinnern. Ruinenstaub
als Geruch im Gymnasium Köln-Deutz; die Liste der Studienräte,
vor und nach 45. Die beiden Aula-Bilder, Hindenburg
und Hitler. Was viele werden wollten, viele wurden es

nicht. Klassenfahrt mit alten Jungvolk-Zelten. Waldwege zu einem Theaterstück. Dem Freund die Freundin ausgespannt.

Nachts die näherkommende Erkennungsmelodie. Die Ungewißheit, ob man den Handwagen noch braucht. Die magnetischen Felder der Oberliga West, wo es uns hinzog zum Abstiegskampf der Preußen. Das Schweigen der Spätheimkehrer. Eine Mappe mit Zeichnungen aus der Ukraine. Noch jahrelang das Kistchen mit Socken, Hemden und Pullover. Die Jahre eingerichtet fürs Klingeln an der Haustür. Zimmer, die vom Alleinesein erzählen. Als letztes ging das Licht in der Küche aus.

Wachwerdend und was ich noch weiß. Bevor sie verschwinden, versuche ich die Sätze festzuhalten, die der Traum geschrieben hat. Im Seewind flatterndes Papier; was es verzeichnet an Schrift, kann ich nicht lesen. Dann gehe ich und koche Tee, schlage Eier in die Pfanne. Two if by sea: der Angriffscode Montgomerys zur Überquerung des Rheins. Wesel im März 45. Keiner weiß die Herkunft und was es bedeutet ... Zwei, wenn von der See her.

Zwei Leute stehen auf der Straße.
Mehr sollen es nicht sein.
Die Familie telefoniert.
Wie es ist, wenn man nachwievor festhängt
im analogen Damals.
Schlüssel für Haustür, das Auto, den Schuppen,
aber kein Klirren und Klick für ein soziales Portal.
Wie es denn war, der Straßenbahn, die schon
fährt, hinterherzulaufen.
Besucher bitten, den Besuch zu verschieben.
Bilder sind unterwegs von leeren Räumen,
in denen Bilder an den Wänden hängen.

Blaue Stühle, weiße Zettel.
Dennoch kommt Besuch und bringt Bienenstich mit.
Erzählt von Jahren, in denen man Zeitungsseiten faltete
und zurechtschnitt auf handgroßes Format.
Der Himmel wolkenlos und von Kondensstreifen leer,
storniert die Flüge in jede Himmelsrichtung.

Und jetzt auf der Hügelseite, die mit dem Rücken
zur Sonne liegt. Die Furchen tief und trocken;
flach segelt die Krähe heran und landet
am Schattenrand der Stoppelreste, die matt und müde
glänzen. Die große Wiese atmet, so scheint es,
wo sich im Wind das Gras bewegt. Im Gras, entlang
an Zaun, Buschreihe, Hecken verlaufen, wie Spuren
einer Gewohnheit, winzige, hohlweghafte Wege; das sind
die Routen der nachtwachen Tiere … zu sehen
bekommt man sie tagsüber selten, ob Igel, Marder, Fuchs,
und die Wildkatze soll wiederaufgetaucht sein, der Wolf
sowieso, das Wildschwein rudelweise, das gleich auch
die ganze Plantage zerwühlt; die jungen Triebe
knabbert das Reh weg –
                                        noch kann man gehen
die Landkartenwege. Gegenden gibt es, wo sie
verschwunden sind; vom Maisacker erstickt, integriert
in den Gewerbepark. Mitunter Brennesseln und Farn,
eingestürzter Wald, die Kolonie der Borkenkäfer. Noch
kann man suchen, wo der Feldweg, der mittendrin
und plötzlich aufhört, irgendwo im Jenseits
wieder anfängt. Wenn es an Wirklichkeit fehlt,
entwirft der Tagtraum die Bilder und erzählt, was
geschieht. Tagesnachricht, Nachtprogramm; das Medium
liefert rund um die Uhr, was nicht da ist, was
man nicht hat. Was man sieht, kann sein
wie eine Imagination, die über dem fernen Küstenort

glitzert, oder man sieht eine geschlossene Grenze,
auf die sich, zwischen kahlen Feldern, eine Menschenschlange
zubewegt. Sieht man nichts, kann sicher sein, daß es sich
um eine Täuschung handelt, an der du, gib's zu, selber
beteiligt bist. Einmal im Gruselkino war es
der Vater, der seinem Jungen die Augen zuhielt, und
bei allen Lügengeschichten sprach die Angst vor
verheimlichten Wahrheiten mit. Der Raubvogel, die
ganze Zeit schon, kreist draußen überm Garten.

Der alte Eimer aus den Zeiten, in denen es
um Resteverwertung ging.
Abends gegessen, was mittags übriggeblieben war.

Wie kommt es, daß vergessene Erfahrungen, ohne daß
es dafür einen Anlaß gibt, wieder gegenwärtig sind.
Oder es gibt einen Anlaß, den man nicht erkennen
kann, weil er sich versteckt, sich tarnt.

Der alte Eimer tut es noch.
Im März die Eisschicht überm Wasserrest.

Was macht man, wenn im Gedächtnisbild die Teile fehlen,
ohne die man keinen Zusammenhang sieht, keinen Anfang
findet, weder Hintergrund noch Motiv, und auch die Augenzeugen
sind nicht mehr da, die Mitwisser und Beteiligten, ohne die
alles ganz anders gelaufen wäre.

Im Schuppen Gewißheit mit Spaten, Säge, Beil.
Blaue Luft mit Wolkenstreifen, Prosasätze im Gedicht.

Wenige Passanten. Zuhause mache ich
das Radio an … es warnt. Der Frost hat
noch einmal zugegriffen. Die Märzsonne
tat nur so, als wäre nahe
der Endsieg. Kinder, die wir waren, jagten
und fingen sich im Straßenspiel. Blau
dein Kleid, meine Fingernägel schwarz. Die Risse
in der Biographie gingen durchs ganze Haus.
Im Koffergrammophon das Wunder, das
einmal geschehen wird; der Anflug
aus dem Raum Hannover-Braunschweig.
Fortgeflogene Jahrzehnte. Die Jahreszeiten
wiederholen sich mit Märzsonne und Kindern,
die unterwegs sind ins Später
der Erinnerung. Spiele abgesagt, die Straßen
leer, das Radio zuhause …
nachmittags
der Kaffeegeruch, in der Tasse der Teerest
vom Frühstück … wie lange ist es her, daß
sich beim Schreiben eine Kurve zog
um den Kaffeefleck herum. Verzögert um Sekunden,
gnadenlose deadline, das Studio wartete auf
Sprecher und Text … na bitte, termingenau bei Rotlicht.

So lange kann es nicht her sein.
Die frühen Gewohnheiten sind weiterhin beteiligt.
Das Licht anmachen und gleich die Vorhänge zuziehn.
Erst später wissen, daß es ein Schock gewesen ist.
Der Raubvogel kreist, der Igel rollt sich ein.
Nicht wegwerfen die krummen Nägel.
Die Warteschlange acht Uhr morgens.
Badewanne täglich.
Die Milchkanne kitten, Scherbe nach Scherbe.

Erst morgens gesehen, daß nachts die Tür hat offengestanden.
Das Weggehen und das Wiederkommen.

Draußen ist es still, und im Fernsehen
fällt die Wagentür zu.
Verstreut in der Landschaft
liegen Fachwerkgehöfte; die Eifel-Serie
in der Wiederholung mit einem Cabriolet, das
inmitten der Schafsherde steckenbleibt.
Nur stimmt's nicht,
wenn der Drehort die Eifel nach Osten verlegt,
rechtsrheinisch, ins Bergische Land.
Kennt man sich aus
in der Umgebung, weiß man, was in der Umgebung
man nicht kennt.
»Wir leben ja schon lange hier, aber
immer mehr Nachbarn, die wir nie sehen.«
Am Schneidetisch
verschwinden die Unterschiede, und die Serie könnte
weitergehen, bis alle gestorben sind.
Liegt bei euch Schnee?
Wir schauen zu und machen nicht mit. Leute genug,
aber Erntehelfer fehlen. Einer aus dem Newsroom
sagt, es kommt auf die Entdeckung von etwas an, das
wir nicht kennen, nämlich die Einsamkeit.
Draußen
ist es still; scharfe Falten im Gesicht
von Caroline Peters.
Die Ortsnamen gibt es nicht.
Es gibt keine Landkarten-Genauigkeit. Das Drehbuch
entwirft die imaginären Räume, die Kamera
holt sich die Bilder aus der vorhandenen Gegend.
Falls

Schnee bei uns liegt, dann hat ihn die Requisite
bestellt.
Eigentlich müßte der Himmel
voll fliegender Störche sein, und das Boot müßte
gestrichen werden, und der Gartentrecker wartet,
daß du die Batterie auflädst –
Zwei Leute
gehen aufeinander zu und bleiben stehen
im Abstand von zwei Metern.
Die neuen Gewohnheiten setzen sich Gesichtsmasken auf
und lassen die Gewohnheiten von früher
draußen in der Schlange warten.
Was macht ihr denn so alleine zuhause?
Es müßte lange Zeit regnen, dann würde man
nicht immer sagen, jetzt fahren wir hinaus ins Grüne.
Am Telefon: ich weiß, wie alt ich bin –
Kommentare
zur Situation.
Versuche abzulenken, das ist wie
wenn du die Umleitung fährst, die um ein paar Ecken
herum wieder zur Hauptstraße führt.
Die Situation
ändert sich täglich, nur was wir dazu sagen, kommt
aus der Warteschleife nicht heraus –
Leitartikel
wissen, wie das Moos, die Zecken, der Borkenkäfer
aufzuhalten sind. Die Regentonne hat einen Riß.
Fliegt ein Vogel vorbei, bleibt keine Zeit,
den Vogelflug zu studieren.
Büschelweise Lungenkraut.
Äste mit grünen Zeichen, daß sie nur scheintot gewesen.
Der Habicht hockt auf einem der Pfähle, zwischen denen
Netze gespannt sind über den Hof, auf dem die Hühner
laufen, unbehelligt, frei.

Der Maulwurf unterhalb von Rechten und Lizenzen.
Das Verschwinden der Fichten.
Noch hängt die alte Nachbarin an jedem Montag
die Wäsche auf die Wäscheleine.
Der Kirschbaum, schief wachsend, bis der Stamm zuletzt
in der Horizontale lag, behielt, bevor er einstürzte,
sein Gleichgewicht.
Büschelweise Bärlauch.
Die Wolke, die du jetzt siehst, erzählt ihre Geschichte
nur einmal.

Pflaumenmus vom Herbst geblieben; der Kaltstrom
aus Nordost vertreibt den Holzrauch aus dem Hof,
grausamer nie als im April. Früh und fröstelnd
in der Küche, am Fenster; draußen schwarzes Geflatter,
die beiden Krähen Eliot und Benn im Geäst, wo noch,
nach Jahren und Jahren, die leeren Nester hängen.

Stiller nie die Ostertage, und wie sie waren
früher bis ins letzte Jahr, als alle, Kinder und
Kindeskinder, sich wiedersahen und fanden
im ausgedienten Stall: zum Ostereierfärben, nach
alten Familienregeln, vergessen von keiner Generation,
vom Vater vererbt nach seinem Vonunsgegangen damals
im Mai … wachsweich gekocht nach sieben Minuten
das Klicken und Klacken der Eier im Farbengemisch
der Einmachgläser, auf Glanz poliert mit Speck,
aufgereiht in Ständer und Körben, und wenn ein Riss
durch die Schale ging, durfte, der ihn entdeckte, das Ei
aufklopfen und probieren, ob's zu weich, zu hart
geraten war, der ewige Ehestreit …
nun ja, Kontakt

gesperrt bis hin zu Schuppen und Scheune; leer
die Eckbank, die Scheite im Kamin knistern
vor sich hin, solo spielen wir die alten Regeln durch,
erzählen telefonisch und sagen, wir stellen euch
ein Körbchen vor die Haustür –

Draußen flirrt der Blütenstaub, und einer
aus der Nachbarschaft versucht, den Rasenmäher zu starten.

Im Keller liegen noch Äpfel vom Herbst,
falls du ein apfelgelbes Bild malen willst.

Die nächste Seite weiß noch nicht, was
an Wörtern auf sie zukommt.

Mittags wieder ein Flugzeug, nicht sehr hoch,
eine alte Propellermaschine.

Wir hatten auf längere Kälte gewartet, aber der Winter
hatte sich vorgenommen, daß der Borkenkäfer durchkommt.

Wir sitzen vorm Kamin. Wir stehen auf den Ziegeln
der Terrasse. Wir gehen durchs Wiesenschaumkraut.

Der Traktor hält an. Der Traktorfahrer
hält in jeder Hand ein Smartphone.

Das Reh am Ackerrand, wie es den Kopf hebt, starr
herüberblickt und mit einem Satz in den Büschen verschwindet.

Noch einmal: Die Meise schimpft nicht; sie verteidigt
ihre Interessen mit Gesang.

Der Waldweg ist ein ganz anderer, und die Schneise
ist nicht dieselbe, und die Grenze gibt es nicht mehr.

Zuletzt standen zwei Angler am Bach, zunächst nur einer,
dann der andere, beide sind nicht mehr da.

Es dauerte eine Weile, bis sich das Gras, über das
die Streife gefahren war, wieder aufgerichtet hatte.

Eine Erinnerung wiederholt sich, aber sie scheint sich
verändert zu haben, denn jetzt erzählt sie alles ganz anders.

Was du schreibend sagst ... niemand,
der etwas davon mitbekommt, für unbestimmte Zeit,
die quasi Dunkelkammer, Klosterzelle, Blindflug ist;
abwesend mitten unter den Leuten.
So oder ähnlich,
es kommt auf die Situation an; es wimmelt
von Alternativen.
Die Teststrecke, der Tastvorgang,
wiederum für unbestimmte Zeit, bis man weiß, ob
alles richtig war oder falsch.
Abwarten
geht und geht nicht für immer; es wird hell
oder dunkel, wenn die Nacht aufhört oder der Tag.

Nachts machte mich eine Taschenlampe wach.
Hochschreckend sah ich, daß es der Mond war,
der mitten im Fenster stand.
Schlafen konnte ich nicht mehr.
Die Leute, die man mitgenommen hat,
haben ihr Bett nicht wiedergesehen.

Rauschen hinter den Wäldern … es waren
die Züge der Sehnsucht, der Ängste, die Züge nachts
in den Norden, nach Osten … horchend im Fenster
über dem Sandweg, der zwischen Ginstergebüsch
in die Manöverheide ging mit Zaundrähten,
Holzkanzeln, Lagerrelikten bis zum Bahndamm hinter
den Kiefern … im Wechsel der Stimmungslagen zwischen
Jugend und Alter spricht die Erinnerung mit, wenn
im Telefon plötzlich der Ortsname Griebnitzsee
fällt … abends im Blickfeld zwischen Baukränen
und dem Himmel Berlins die ferngerückte, nahgebliebene
Stimme, und wie sie erzählt von Glanz und Geschimmer
der Seeseite Babelsberg, Ufervillen, Ufastars,
der Küstenkranz der Kiefernwälder … im Fenster grau
das abgesperrte Land, erstmals wieder nach dem Rübermachen
bang im Interzonenzug, letztes Halten vor der Grenze
zum Damals der Reichshauptstadt, so magisch der Name
wie geisterhaft leer der lange Bahnsteig unter
der Frakturschrift Griebnitzsee … Abteilkontrolle,
Vergleich von Paßbild und Gesicht; zwei Männer, noch
unbehelligt in Marienborn, werden aus dem Zug geholt;
draußen am Gitter stehen ein paar Uniformierte und
rauchen; endlich und unendlich langsam zwischen
Wachekanzeln wannseewärts, im Bahnhof Zoo stand
Peter Härtling und breitete die Arme aus … storniert
das Wiederkommen mit Wiederholungen von Ausflügen
in die freigemachte Umgebung; es gibt nur ein Damals,
wovon wir erzählen …

du weißt, wie's geht
mit Vorhaben und Entwürfen, und die Wirklichkeit
kommt mit Verweilverboten dazwischen. Alles Gewöhnung,
der eisgraue Zeitzeuge sagt es und zeigt zum Fenster:
abends Verdunklung, über Jahre hinweg kein Dorf,
keine Stadt, keine Straße im Licht, und als der Spuk

vorüber, durften wir nur tagsüber vor die Haustür,
monatelang, bis keine Streife mehr um die Ecke kam, und
das waren von allen Übeln noch die kleinsten –

sicher,

und der Feind hörte mit, der Mann, der am Nebentisch saß
und so tat, als läse er in der Zeitung.
Und kein Wasser zum Trinken, als es hieß,
der Typhus kommt aus der Leitung.
Flugblätter fielen vom Himmel; Lesen bei Strafe verboten.
Im Winter Kohleferien, wenn es keine Kohlen gab.
Der Bezugsschein für ein Paar Holzsandalen.
Nach und nach die jungen Studienräte eingezogen;
die alten Oberstudienräte, Weltkriegsorden am Revers,
zurückgeholt in den Schuldienst.
Im Vorgarten die Fahnenstange, für wenn die Fahnen alle
flattern Haus nach Haus.
Pulswärmer strickte die Mutter für unsre Jungs
an der eisigen Ostfront.
Das Schnippschnapp der Schere, mit der die Bäckersfrau
die Brotmarken abschnitt.
Die Schachteln mit den Gasmasken lagen im Regal
unter der Hausapotheke.
Radiohören nur die Sender des Großdeutschen Rundfunks.
Gehamstert, wenn es was zum Hamstern gab.
Ohne Batterie und Reifen, stillgelegt und aufgebockt
stand das Auto in der Garage.
Opfer müssen sein, sagte Jochen, der Jungstammführer.
Auf jeder Treppenhausetage ein Eimer voll Sand,
ein Eimer voll Wasser.
Trauerschwarze Mütter und Witwen.
Junge Männer mit nur einem Bein, einem Arm.
Für Ferngespräche wählte man die Null; es meldete sich
das Fräulein vom Amt. Man sagte den Ort und
die gewünschte Nummer und legte den Hörer wieder auf.

Man wartete drei oder fünf Minuten, dann läutete
das Telefon, und das Fräulein sagte: Ihr Gespräch …
oder der Teilnehmer meldet sich nicht.

Es ist trocken, zu trocken ist es.
Laß in der Badewanne das Wasser, wir brauchen es
zum Gießen im Garten; seit Wochen
steht die Regentonne leer.
Die Vögel stumm, verstaubtes Gefieder;
wir stellen Wasserschalen auf.
Die Nachbarin seufzt: man bräuchte
was zum Impfen fürs Klima.
Wir starren auf die Klimakarte.
Die brandenburgischen Wälder
warten auf die Konzerte des Regens.
Die Klimakarte sagt: Brandenburg ist überall.

Eine russische Fotografin, Natalja Bode,
hat während der Kämpfe um Stalingrad
Aufnahmen gemacht, die Jahrzehnte später
in einer Berliner Ausstellung zu sehen sind.
Es ist ein Foto dabei mit
fünf deutschen Kriegsgefangenen,
deren Gesichter gut zu erkennen sind;
ihre Schultern bedeckt frischgefallener Schnee.
Die jungen Männer sind älter als
der Junge, der ich damals war,
ein paar Jahre oder auch mehr. Der Blick
der beiden jüngsten ging in die Kamera,
jetzt trifft er mich.

Ehe wir wußten,
daß es mehr zu sehen gab,
als wir gesehen hatten.

Zwischen zwei Fronten.
Ziehen wir uns von der einen Front zurück,
geraten wir in die Nähe der zweiten.

Rauch zieht am Fenster vorbei; er kommt
aus unserem Schornstein. Die beiden Kohlenträger
sagen, wir sind die letzten in der Gegend hier.

Die Bilder hängen; die Galerie hat zugemacht
für unbestimmte Zeit. Am Ufer liegt seit Tagen
mit laufendem Dieselmotor ein Lastkahn, den

die Anwohner nachts mit Eiern und Bierflaschen
bewerfen. Jahresdaten werden nacherzählt; kampflose
Tage, die Wäsche flatternd auf der Wäscheleine,

als hätten wir kapituliert. Am Straßenrand Erdbeeren,
Spargel; Lastwagen stauen sich vor der Brücke; Kratzer
auf dem chinesischen Stahl; der Gutachter schüttelt

den Kopf. Gnadenlos blau bleibt der Himmel.
Der Blick geht nach Westen; nichts in Sicht, was
aussieht wie ein Tiefdruckgebiet. Nahebei, am Rand

des Frankenforster Waldes, war Otto Günsche, Hitlers
letzter Adjutant, der seinen Leichnam verbrannte,
geschäftsführend zugange in der Arzneimittelfabrik.

Die Bilder gehen ins Netz, bis irgendwann die Galerie
wieder aufmacht. Der Lastkahn macht am nächsten Tag
die Leinen los. Früher waren die Erdbeeren süßer;

ein zweites Gutachten wird kommen. Die Nachrichten,
die Nachrichten erinnern; der Waffenstillstand nähert
sich; grüner Spargel ist dünner als der weiße.

Maiglöckchen. Für seine zweite Frau, die Inge, hatte
der Vater im Garten eine Plantage angelegt; an ihrem
Todestag immer im Mai pflückte er einen Strauß
ihrer Lieblingsblume und legte ihn auf ein imaginäres
Grab. Das wirkliche Grab lag eingeebnet in einer Gegend,
in die er nicht mehr rüberwollte; er fürchtete, man habe
dort seine Flucht nicht vergessen –
                                                            bleib sitzen,
im Kopf läuft eine Reproduktion, die Restbestände
erneuert; dabei tauchen Winzigkeiten auf, von denen
die Spurensicherung nichts weiß.
                                                            Einzelteile, die sich
verselbständigt haben, isoliert in der Menge der Dinge,
stillstehend oder in Bewegung.
                                                      Undeutlich die Herkunft,
Fetzen ohne Fazit und ein zuverlässiges Rätsel,
was sie bedeuten.
                                  Kommst du zurande?
Ich weiß den nächsten Satz nicht, und schon
steht er geschrieben da.
                                            Kennst du dich aus?
Ich weiß, daß es nur Fragen sind, wenn
ich sage, was es ist.
                                     Die Restbestände
bringen nichts Neues, selbst wenn es so aussieht;

im kleinsten Kreis, auf engstem Raum
entstanden die alten Qualitäten, die nicht vergessen
und nicht wiederholbar sind.
Abtrünnige. Versprengte;
Solo ohne Solisten-Privileg; kein Thema allein
der Kriegsgeschichte, wo wir in der Nachhut uns streiten,
wer nicht und wer dazugehört.
Der Kranich
draußen auf der Wiese, er kommt von fernen Ufern,
wohin er wieder verschwindet; Küstenschlamm und Seeluft
haben wir im Landesinneren nicht.

Vereinzelt erst und unbemerkt, inzwischen
geschwadermäßig angeschwollen, breitet sie sich aus,
die Asiatische Hornisse.
Südfrankreich, Süddeutschland; Erkundungsflüge
bis in den Hamburger Raum.
Zielobjekte: die einheimischen Bienenstöcke;
Alarm in der Heimat.
An ihren gelben Beinchen und Flügeln
ist sie leicht zu erkennen; über den Seeweg,
Import, Container, ist sie zu uns gekommen.
Jagen und Fangen bei Strafe verboten.
Wer eine im Kirschbaum dabei entdeckt, wie
sie eine Biene massakriert, hat sich
ans Ordnungsamt, Abteilung Naturschutz, zu wenden.

Am Stadtrand gibt es noch ein paar Bauern.
Einer sagt, das bißchen Regen hat mir nur den Traktor
naß gemacht, der Acker trocknet weiter.
Manchmal klirrt es beim Pflügen: ein Helm,
Patronenhülsen, Kochgeschirr und Koppelschloß.
Oder der Kampfmittelräumdienst muß kommen.

Die Luftbilder der Alliierten, erkennbar jeder Einschlag,
ein Bestand von 320 000 Fotos.
Längst zugefüllt und eingeeggt die Laufgräben
und Schützenlöcher, umgepflügt das Schußfeld für
das Rübenfeld, die Gülle, das Gift, den Bioladen
mit Spinat, Kopfsalat, Radieschen.

Und die Pappeln am Bauernhof werden nicht still.

Wenn man nicht aufhören kann zu zitieren,
geht das Zitierte ins eigene Repertoire ein.

Mondstrahlen im Kriegstagebuch.
Zurück aus der Nachtschicht im Straßenbahndepot;
in der Dämmerung tauchen die Fahrradlampen
der Frühschicht auf.
Taunasse Wiesen. Planken über den Gräben.
Die Kälte am Morgen; frierend kletterten wir
aus den Zelten.

Wenn es eine Korrespondenz war, fand sie statt
von Anfang an im Selbstgespräch.

Obstbäume, die über die Landstraße hingen,
fegten die Lastwagenkolonne; sie zwang uns beim Überholen,
in den Straßengraben zu springen.
Eimerweise Kirschen von den Obstwiesen bei Alach.
Zerrissenes Kartenmaterial; der Versuch, die Fetzen
wieder zusammenzukleben.

Bei allem Nahesein, die Zeiten und Orte
sind entfernt und getrennt, die Situationen können nicht
unvergleichbarer sein, imaginär ist jeder Zusammenhang.

Die Sonne liegt am Morgen auf dem Maisfeld.
In den Nächten lärmten weiter die Pappeln, obschon
es so nahe, daß man sie hören könnte, Pappeln nicht gab.

Hügelzüge über dem Tal, durch das die Dhün fließt,
in einem Bogen um das Schloß des Fürsten herum,
durch Wiesen und Felder führen dorthin die beiden Alleen,
Linden oder Kastanien.

Der Ort: ein paar Fachwerkhäuser um die Kirche herum,
Neubauten, die Tankstelle, der Einkaufsmarkt.

Das Referat von Gabriele Ewenz, die das Geflecht
der Spuren, der offenen und der verdeckten, entdeckt hat.

Bahnhof Nikolassee, Ende April 45.
Felix Hartlaub steigt in die S-Bahn zur Fahrt
in die Kaserne, Spandau, Umsteigen Westkreuz,
unterwegs ins Verschwinden –

Schnitt, nächste Saison: Erdbeeren waschen, früher als früher
zum Junigeburtstag der Mutter, wenn frisch und feucht
sie leuchteten im Spülsieb und kollerten
über den Küchentisch, wo Pjotr, der ukrainische Leutnant,
sie allesamt tunkte, nacheinander, ins wodkavolle
Wasserglas –
nun waren wir Befreite
und hatten, zwischen abends und morgens,
die Häuser zu räumen,
für die Befreier.
Mach mit
beim Aufbau des Sozialismus, sagte Helmut,

der Fähnleinführer, der auf einmal
im Blauhemd
übern Anger stolzierte.
Der Schuß aus dem Fenster
der Löberfeldkaserne, und als ich Ruthchen auffing,
schoß ihr schon das Blut aus dem Mund.
So feiern sie
ihre Befreiung, sagte mein Vater und verbarrikadierte
die Haustür. Zwangsarbeiter, johlende Polen zogen
plündernd durch die Straßen und zündeten ein Gartenhaus
nach dem anderen an.
Solange das Gerücht ging,
daß der Ami wiederkommt, der Russe blieb länger –

Wir sitzen rund um den Tisch ... nur
was du nicht gesehen hast habe ich gesehen
wovon ich spreche darüber schweigst du
du hast dazugehört ich bin bloß dabeigewesen
von meinen Erlebnissen hast du keine Ahnung
mein Widerspruch dein Einverständnis
worauf es mir ankam dich hat es kaltgelassen
ihr habt es nicht kommen sehen wir haben es
ihr habt euch beteiligt wir nicht
was wir wissen ihr wollt es nicht wissen
euch hat man keinen Strick gedreht nur uns
ihr habt euch verdrückt wir sind geblieben
du kannst mir gar nichts erzählen ich kenne mich aus

Rekombinationen, und was die Theorie mir sagt: daß
es um Vorhandenes geht, weniger um Neuigkeiten,
wo im Regal alles Gesagte herumsteht.
Ja denn, wenn

es so aussieht … Schreib ich im Geburtstagsbrief:
das Älterwerden halten wir nicht auf; wir müssen es nur
bestehen, jeden Tag aufs neue. Dabei begleitet uns
das Seufzen der alten Scheune, die soviel an Gedächtnis
aufbewahrt und die sich vom Zimmermann das Dach
hat stützen lassen müssen; es sinkt ja zusehends
in sich hinein.

Und vorm Fenster das Jahrhundert-
Wäldchen … ein Dutzend Linden und Lärchen, eng
beieinander, so daß von fern es aussieht wie ein
einziger Baum, Wintergraphik unterm Winterhimmel, im
Sommer eine Sommerskulptur, und noch immer
dehnt es sich aus –

Ja denn, wenn
es so weitergeht …

wären nicht immer
diese Böen, diese Sturm-Angriffe, die aus dem Dach
die alten Ziegel reißen, und wie sie auf den Wald
einschlagen, das Astwerk aus dem Dickicht reißen
und das Gezweig über die Wiese wirbeln –

diese Attacken
um die Ecke herum, von hinten aus den Reihen
im Dunkel, aus der verschworenen Verborgenheit,
von den unauffälligen Mitbewohnern im Schlafanzug,
im Abendlicht des Weihnachtsmarkts, beim Sonnenschein
auf der Terrasse, zu kirchenstiller Stunde –

diese Plötzlichkeiten,
und nach dem Graupelschauer ist die Wiese weiß; Kurzschluß,
Suchen nach der Taschenlampe; nachts der Anruf, daß
der Grenzübertritt mißlungen und geschossen worden ist;
eine Wolke schiebt sich vor die Sonne, und alle Schatten
sind weg; nach Hause kommen, und die Tür ist aufgebrochen;
mitten im Elfmeterschießen wird der Bildschirm schwarz;
Tacho 140, und ein Reh springt aus den Büschen; morgens, als

der Vater sagte, die Mutter ist nicht mehr da –
                                                                Ja denn, wenn
augenblicklich alles anders sein kann …
                                                        oder
tänzeln nervös die wartenden Pferde, und Ferrari peilt
die Fortsetzung der glorreichen Runden an … legen wir
die Masken ab und husten im Gedrängel an der Kasse … lassen
wir in heißen Nächten Türen und Fenster sperrangelweit offen …
sperren wir die Autobahnauffahrt und lassen nur Fahrräder
durch in die Lausitz oder nach Leverkusen … nehmen wir
die Sense vom Haken und ziehn den Schleifstein übers Blatt …
starten wir bei Gelb und rasen los nachts um die Wette … gehen
wir ins Innere mit Kerzenlicht für eine Bibelseite … fangen
wir bei Null wieder an …
                                        nun ja, es sind
die Jahreszahlen, die man nicht abwischen kann; sie haben
sich eingeprägt ins Gerede; sie halten den Gedanken auf,
der ins Zeitlose sich davonmachen will.
Kein Lebenslauf kommt ohne sie aus, und wenn man alt wird
und das Erlebte verschwimmt, halten sie den Hochzeitstag
fest, die Todestage, den Abschied auf Gleis 3.
Vergessenes holen sie zurück, ganz gleich, ob man's
remembern oder in den Memoiren gar nicht
lesen will … die Doku-Serien drehen wir weiter,
die Jahreszahlen sagen wo und wann –

Wo wir wohnen hatten damals die Leute
kein elektrisches Licht und fließendes Wasser
sie hatten Furcht vor Blitzeinschlag
vor dem Durchzug fremder Heere
Plünderung und Seuche
in der Nähe keine Feuerwehr kein Doktor
ein Polstersofa in der Stube

im Stall ein paar Tiere
von denen sie lebten bis
so las ich es jetzt
der Tod ans Hoftor klopft

Eine Umfrage läuft, wohin es, urlaubshalber,
denn nun gehen soll … vielleicht
ein Wiedersehen mit Wiepersdorf, warum nicht
Ahrenshoop wie sonst im Sommer … kennt man
im Emsland das Erzgebirge, im Sauerland
die Seelower Höhen, im Sächsischen den Hunsrück …
oder die Leute aus Halle in Westfalen fahren
mal nach Halle an der Saale, und Thüringen
entdeckt den Thüringer Wald … von Hamburg ist es
nicht weit nach Cuxhaven, Bochum trifft man immer
schon auf Usedom, dein Ticket nach Athen
kannst du vergessen …

Anfang der neunziger Jahre gab es ein Wiedersehen
mit Arnstadt. Fünfzig Jahre zuvor nahm uns
ein Traktor mit, der einen Ackerwagen zog.
Unendlich lang dieser Sommer, als die Eltern
sich trennten und das Kinderzimmer entzweiging.

Ostende war einmal ganz nahe, ein Abzweig
der Rheinschiene, und wie die Landkarte sagt, hat sich,
hat sich daran nichts geändert.
Der Strand, jeder Strand ist gesperrt,
so lange, bis –
In seiner Jugend, schrieb Paul Virilio, durften die Leute
nicht an die Küsten, weil, man baute dort
einen Wall … erst 45 im Sommer habe er Dünen
und Strand und den Atlantik entdeckt.

Trocken liegen im Spreewald die Kähne.
Die Stimme so heiser, als spreche im Interview
der treibende Staub mit.
Hier kommt der Regen, nach zehn Minuten
geht er wieder. Wutanfälle werden gemeldet.
Schon lange sieht man keine Molche mehr.
Hier summt es rund um die Uhr; es wimmelt
von Hummeln im aufgeplatzten Rhododendron.
Ungerecht geht es zu, in der Grammatik,
beim Wechsel von Wetter und Führungskräften,
und bleiben Sie gesund, sagt der Chefreporter,
Krise ist sein Element.

Im Rückspiegel taucht die Tankstelle auf ... damals
in der Villa Massimo malte Peter Berndt
die ersten Bilder, in denen man Tankstellen
im Rückspiegel des VW-Käfers sah –
Motiv
im Vorbeifahren: eine Schule des schnellen Sehens,
das die Konturen verwischt; die Art der römischen Wahrnehmung,
und wie sie sich verändert hat unterwegs
auf dem Berliner Ring, den brandenburgischen Chausseen –
Motiv,
das wiederkehrt: das Dorf im Tal
zwischen Hügeln und Wäldern, im Rückspiegel die Tankstelle
am Dorfrand.
Das Inventar der Umgebung. Wenig hat sich
geändert, aber nichts mehr, wie es war.
All die Versuche, etwas richtig zu sehen
und zu besprechen, etwas zu machen, das zum Bestandteil
unserer Chronik gehört –
gelingt es denn noch,
die Täuschungen zu erkennen, die Fehleinschätzungen der Lage?

Der Tankwart wußte Bescheid: Alles war gestern, alles
war früher, und wenn man im Nebel die Straße
nicht sah, sagte er, ich sehe das Nichts –

Gestern

Krieg, früher die Pferdetränke. Benzinpreis, Möhrensäcke,
das Morgenrot auf den Wiesen. Die Wortgebilde
aus der Zeit, als ich noch gut zu Fuß war …

Lange schon

kein Tankwart mehr; das Mädchen hinterm Plexiglas kann
nur die Kasse. Im Rückspiegel die neuen Bauten, die
den Dorfrand hinaus auf die Felder schieben.

Fast zum Verzweifeln, das Suchen nach einer Lücke. Der Parkplatz
um den Einkaufsmarkt herum, niemals steht er leer.

Wie, du liest noch Zeitung, fragt das Kind den Vater.

Der Häher läßt eine Feder fallen, und die Wiese wird blau.

Still die Nachmittage, als die Nachbarn ihre Wiesen
mit der Sense mähten.

Tätowiert der Arm, der aus dem vorbeidonnernden Ferrari hängt.

Die alte Dame, sie war einmal die Ansagerin, die uns,
bis Mitternacht, durchs Programm begleitete.

Im Wind die raschen Schübe und Wechsel; sehen kann man,
wie die Wolken assoziieren.

Die wochenlange Leere in der Einflugschneise.

Kein Patient im Wartezimmer, in dem sonst jeder Stuhl
besetzt ist.

Als ich versuchte, mit Bleistiftstrichen dem Birnbaum
einen Halt zu geben.

Parallele Lebensläufe.
Der eine täglich, der andere im Tagtraum.

Nachts die Schmerzen, die man tagsüber nicht spürt.

Sätze, die einem vorkommen, als habe man sie
schon einmal geschrieben.

Morgens, beim Frühstück, fängt er an zu erzählen, was
in der Kindheit auf den Frühstückstisch kam, Kommißbrot,
Rübenkraut, sonntags ein Ei für den Vater, der stets
vom Eigelb einen Löffel abgab.

Die Stimme hörte er, aber nicht, was sie sagte.

In der Totenliste fehlende Namen; sie wurden zu Lebzeiten
schon nicht mehr genannt.

Gedicht mit Prosasätzen: Fortwährend, unvermittelt,
mischt sich die Prosodie des Tagesgeräusches ein, oder
es ist die Erzählerstimme, für die sich in einem Roman
kein Unterkommen findet –
Stimmen im Kopf,
die alle etwas anderes sagen, auch wenn es geht
um einunddieselbe Sache –
Stumm geht es zu
im Ameisenhaufen; das Völkchen tut ohne Anweisung,

was es zu tun hat.
Die Fakten schütteln den Kopf,
wenn Imaginationen nach freiem Gelände suchen, wo
ihre Gebilde sich bewegen können.
Und was vom Verschwundenen
wieder aufgetaucht ist … selber kann es nichts
dazu sagen, weshalb du der Sache schon nachgehen mußt –

Still waren die Wochen, als die Abendmaschinen
ausgeblieben sind. Nun landen sie wieder, leise, aber
wenn der Wind mitmacht, kann man sie hören. Die Leute
werden ungeduldig; sie sind es leid, in Wartezonen

zu leben. Der Sommer nähert sich ja auch
ohne Rücksicht, und die Rosen klettern über den Zaun,
der nichts tun kann, das Gewucher auf Distanz
zu halten. Einsteigen hinten, aussteigen vorn … es war,

in den fünfziger Jahren, die neue Regel beim
Straßenbahnfahren, und wir gewöhnten uns rasch, ohne
Drängelei. Nur Fliegen war schöner, aber wer schon
konnte sich Schöneres leisten; der Stundenlohn reichte

nicht mal fürs Taxi. Einsam kam sich jeder vor,
der Lyrik las von Hermann Hesse; die Langspielplatte
holte den Konzertsaal in die kleinste Mansarde. Und
der Mondschein verriet, wo unsere Häuser standen,
die wir verdunkelt hatten.

Die Farben der Dunkelheit.
Ob man Farben sehen kann, wenn man
die Augen zumacht.

Der Nachthimmel über der Ebene war rot.
Für den Heimweg eine Taschenlampe.
Eine Kerze bei Gewitter.

Glühwürmchen in der Juninacht.
Die glitzernde Nässe der Schieferdächer.
Stadteinwärts schlängelt sich die Kette der Rücklichter.

Gardinenweiß die Fensterfront.
Das Gesicht hinter dem aufflammenden Feuerzeug.
Östliche Vororte, plötzlich abgeschnittene Scheinwerferarme.

Keine Theorie mehr; worauf es ankommt, es kommt
auf die Art an, wie man mit Erfahrungen umgeht.
Im Dachzimmer hängt der Schräge gegenüber
die Häusergruppe hinter kahlen Ästen.

Im Text erscheinen Bestandteile von Texten, die
zu früheren Zeiten entstanden sind. Das alte Radio,
und ich muß denken an das Radio-Gedicht
von Adam Zagajewski. Die halbe Kindheit fällt mir
dabei ein, mit Sondermeldungen, Wunschkonzert, Feindsender
und der Stimme des Führers.

Nach dem Krieg bauten wir Häuser aus Steinen
von Häusern, die zertrümmert waren. Die Versicherung
will Photos sehen, auf denen man den Sturmschaden,
die fehlenden Dachziegel sieht.

Ein Augenblick im vorigen Jahrhundert, und wie er
sich, bis heute, ausgedehnt hat. Kann nur vermuten,
daß im Dachzimmer der Blick auf die Baumreihe
der Mielenforster Straße geht.

Ein Skizzenbuch im Nachlaß
mit Namen, Zahlen, Adressen; auf jeder Seite
könnte eine Erzählung beginnen, die über die Mielenforster
Straße bis in unsere Tage geht. Aber es schweigt,
das Gestrichel, und nach dem vielen Blättern
sind die Bleistiftspuren verwischt.

Umgebungen, die man zu kennen glaubt.
Zuverlässig die Landkartenzeichen, so lange,
bis die Mischmaschinen kamen.
Nichts fremder als die Nebenstraße, die gleich
um die nächste Ecke geht.
So vieles war vorher schon da, und man
sieht es erst jetzt.

Für eine Weile sind wir im Haus geblieben, und das
ist der Grund, warum man uns nicht gesehen hat.

Im Haus die immergleichen Tätigkeiten. Aber es geht nichts
ohne Lichtschalter, Wasserhahn, Türklinke, Herd.

Keine Erklärung, warum das auf dem Tisch liegende Feuerzeug,
plötzlich und ganz von allein, aufgeflammt ist.

Auf der Eckbank wächst der Zeitungsstapel. Was alles
so neu und wichtig war, kann doch kein Papiermüll sein.

Das Kontinuum der Zahlen, die sich täglich vermehren,
und man weiß nicht, für wie lange Zeit.

Und draußen leuchten nun die Kirschen, mehr Kirschen,
als wir von den Bäumen holen können.

Nach dem Gewitter
machte ich die Kerze aus; leichter fiel
in der abgekühlten Luft das Atmen.
Feuerwehrlicht rotiert in der Nähe.
Und die Katze ist wieder da, die
nirgendwohin zu gehören und etwas
wie Asyl zu suchen scheint; seit Tagen
streicht sie ums Haus.
Die Grausamkeiten zuerst, oder
fängt man an mit Zärtlichkeit,
und wovon hängt es ab,
wie wir miteinander umgehn.
Nachts, während ich schlief, kam
das Gewitter noch einmal zurück; es blieb
in der Ferne, hinter den Hügeln. Weiterschlafend
hörte ich, wieder im Traum, die Artillerie
der sich nähernden Front.

Die Menschen wissen gar nicht, was nachts
in ihren Gärten vor sich geht, sagte die Frau
mit der Kamera, die sie abends aufstellt
für Bilder vom Gartenleben bei Nacht.

Überm Kirschbaum kreist die Drohne.
Sie meldet, wo noch Kirschen hängen,
zu hoch für unsere drei Leitern.

Dann mustert die Drohne das Wiesengelände,
bevor die Maschinen zum Heumachen kommen,
ob Rehkitz oder nicht.

Den Hof macht die Hoflampe hell,
und was will man mehr als

einen hellen Hof,
geht man nachts nochmal hinaus.

Straßenschilder mit vergessenen Namen
wer Ratsherr war, Franzosendrescher, ortsansässiger Antifaschist
mit der Zeit wurden die Gardinen grau
wem gehört das unbewohnte Haus
plötzlich wimmelt es von Sklavenhändlern und Rassisten
schmutzig ist Geschichte immer, sagt der Zeitgeschichtler
Schlittenfahrt im Winterkrieg
Motorräder wühlten sich durch den Schlamm
die Regentrommel die uns wach hielt
Seitenwind bringt uns vom Kurs ab
ungewiß ob man einreisen und wieder ausreisen kann
wo sind wir denn hier

Bilder sah der Moderator aufgehängt am Zeitdraht
Möbel stehen noch im unbewohnten Haus
Zitate warten daß die Erinnerung sie hervorholt
erstmals ein Geschehen, ob es aber einmalig bleibt
der Stapel Zeitungsseiten, die man aufgehoben hat
wo es langgeht an der Kiste Kopfsalat vorbei
zurück zum historischen Tag auf dem Schulhof
als der Garten aufhörte eine Ewigkeit zu sein
die neuen Namen an den alten Korridortüren
die fehlenden Zaunlatten, wo sind sie hin
der Nagel an dem die Schlüssel hingen
die Schnur an der der Drachen hing
barfuß übers Stoppelfeld zum Fluß
wo noch zum Himmel stieg der Abendrauch
von früher für später
die Zimmer nach vorn und die Zimmer nach hinten

wo das Licht brannte und wo besser nicht
zurück zum Stillstand des Sonntagnachmittags
die Sekunde des Wiedersehens mit unserem Grünspecht
nie zuvor die Bilder aus dem leeren Stadion
plötzlich tropft der zugedrehte Wasserhahn nicht mehr
hatte es geblitzt am Straßenrand
was Zukunft ist sagen die leeren Seiten im Heft
kühl soll sein die nächste Nacht

– bis wohin
der Atem reicht und kürzer jeder Weg wird, wir
gehn, soweit wir kommen, erleichtert, kein Ziel
vor Augen zu haben.
War es das schon?
Die Leiter steht noch, ein paar Eimer voll. Als
es noch Vögel gab, machten sie
den Kirschbaum leer. Als es noch Kinder
gab, die klettern konnten und klauten wie die
Zigeuner, als wir noch Zigeuner sagten –
Seewetter
mit Wolken, die sich landeinwärts bewegen; sie bringen
Bilder mit von einer Küste, die man nicht mehr
zu sehen bekommt
– Bestandteile, Entwürfe,
womöglich ein Karton im Nachlaß. Pardon entfällt,
wie war der Name? Dunkel bleibt es, wenn man nicht
zum Lichtschalter geht
– geh nach draußen
mit deiner Zigarette. Julianfang; ein bißchen Regen,
nasses Haar, vielleicht noch eine Chance
in der Sommerzeit
– Kein Sommer gewesen … die Zeile
auf dem Zeitungsblatt, das von rachitischen Rosen,
einem brüchigen Teerdach erzählt hat. Und was kann ich jetzt

tun für deine kalten Füße

                                        – falsch war nicht alles.

Der Leiterwagen tut es noch; strohbedeckt die Siebensachen,
als wir zu entgehen versuchten, zu entkommen. Als der Asphalt
in Sand überging und die Räder versackten, griffen wir
in die Speichen

                              – Geländewagen und Geländespiel ... im
Hohlweg auf den Spuren der amerikanischen Jeeps: hoch
in den Steigerwald, Skipiste und Rodelbahn; träumerisch
die Bergkaserne an einem herbstlichen Tag, als die Wache
wechselte und ihre Uniform die NVA ...

                                                      im Dunst unten
die Stadt; der Blick auf die Gärten im Löberfeld,
in denen tagelang die abgebrannten Gartenhäuser noch
schwelten. Zeigen wollte ich dir, wie der Schulweg
wechselte zwischen Sandweg und Kopfsteinpflaster, wo
ich mit dem toten Hund im Arm liegenblieb
im Schnee

                         – Schnitt. Ersatzteile, erhebliche Mängel,
Nachkontrolle TÜV. Der Car Service sagt: Hinterlager
von Querlenker vorne rechts erneuert, etc.; die Rechnung
listet auf das Mehrmals des Erneuerten, Montierten,
Ausgewuchteten, Entsorgten / Radschrauben nachziehen
nach ca 50 km / HU-Plakette angebracht / Frist bis
Juni in zwei Jahren

                                  – na bitte. Zwei Minuten
Regenschauer, gleich lebt der Sauerampfer auf. Der Bauer
besteigt seinen Traktor, zuvor wischt er den Sattel ab;
zu niedrig stehen Weizen und Mais. Bei OBI leiht
der Kunde aus dem Sauerland sich einen Dachcontainer
aus; zum Zelten auf dem knubbelvollen Zeltplatz
an der Riviera von Rodenkirchen; da geht dann auch
das Ordnungsamt dazwischen und stellt den Abstand

wieder her –

vergessen, wer sagte, daß man nur sieht, was
man schon kennt. Den Mann, der auf dem Parkplatz mich
ansprach, kannte ich nicht; er sagte, er sei seit Jahrzehnten
mein Nachbar, ganz hinten am Gartenende –

die Aussicht
ging auf Trauerweiden und Pappeln, wir machten ein paar
Photos, dann stiegen wir in die S-Bahn und sahen den Uferweg
nie wieder. Manches Mal schien es, als wiederholte sich
diese und jene Situation, als gingen im Hintergrund
die Erzählungen weiter. Vorbei, und kein Ende; nach all den
Jahren hängt der Birnbaum wieder voll, und wir können nochmal
im September nachts die Birnen fallen hören –

Später Sonntagnachmittag; still und warm
steht zwischen den Vogelbeeren die Luft. Das Summen
hinter den Büschen sagt mir, daß es
ein Jenseits gibt, von dem ich nicht mehr mitbekomme
als ein Geräusch. Was denkt, was tut man
anderswo … hinter den Büschen beginnt das Ungewisse
der Welt, und niemand kann sagen, was das Summen
dazu bringt, plötzlich aufzuhören.

Den Mund voller Vogelbeeren
schossen wir aufeinander mit einem Blasrohr,
der Waffe unserer Kinderzeit.
War im Mund dann keine Munition mehr,
rannten wir zur Eberesche.
Große Ferien, sechs Wochen langer Sommerkrieg.

Bratkartoffeln, Wunschkost damals,
als es nur Kartoffeln gab.
Die Pfanne hing am Haken

neben Hammer und Sichel,
zuvor ein Ährenkranz mit Hakenkreuz.
Das Land war befreit, enteignet
der Gutshof, das Bahngleis demontiert.

Abend, mach das Scheunentor zu, die Böen
in Belgien haben ganze Dächer mitgenommen.
Eines Morgens lagen die Mülltonnen auf der Straße,
zerfetzt die gelben Säcke vom Waschbär.
Dunkel bleiben die Fenster der Zweitwohnung
am Timmendorfer Strand. Bleib, wo du bist; Wochen
kann es dauern, bis eine Tagesfahrt zuende geht.

Die Räume im Inneren und um uns herum, und
wie sie ineinander übergehen, während
die täglichen Vorgänge sich mischen mit
Vorstellungen und Wünschen, mit Gesichtern,
die unbekannt bleiben wie die Personen,
Orte, Namen und Adressen im Skizzenbuch
des verschollen gebliebenen Malers.

Die Russisch sprechende Tante war gar nicht im Haus,
als ich sie fragte, wie heißt Marmelade auf russisch.
Wie oft kommt es vor, daß man spricht,
und man sitzt alleine am Tisch.

Der Waschbär ist nicht wiedergekommen.
Nie haben wir einen gesehen.
Ins Notizbuch hatte mir Bob einen raccoon
gezeichnet: washing his food before eating,
Big Sur 66.

Legende Moleskine, Bruce Chatwin.
Ein Zettel macht Geschichte.
Der Bierdeckel, die Steuererklärung.
Jo Kirchner las jeden Fahrschein.

Im Traum die Redezeit, die man vergehen läßt,
ohne ein Wort zu sagen.

Nebenan dröhnt das Motorrad auf, dann hüstelt es
und verstummt. Der Mann fährt schon lange nicht mehr,
aber er setzt sich dann und wann in den Sattel.

Große Pfützen auf dem Schotterweg ... eine Seenplatte,
sagen wir, wo unser Haus am Ufer liegt.

Besuch bleibt solange sitzen, daß man spürt,
wie man Stunde um Stunde älter wird.

Das frische weiße Hemd, der rote Flecken Marmelade.

Immer länger wird die Liste der Straßen,
auf deren Namen ein Verdacht fällt.

Am frühen Morgen zog das Milchmädchen,
das Gunna hieß und aus Lettland kam,
mit einem gummibereiften Fahrradanhänger
von Haus zu Haus.

Das Dach war weg, der Bahnsteig im Regen.

Die plötzliche Erinnerung an unwiederholbare Situationen.

Als man es wußte, war es zu spät.

Er zog sich ein Hemd mit kurzen Ärmeln an, gleich
sah er ein paar Jahre jünger aus.

Maskiert und murmelnd zwischen Masken und Gemurmel.

Ich weiß nicht, warum ich zur Dachrinne hochschaute, aber
ich sah auf der weißen Hauswand den Schatten,
den taumelnden Schatten des Schmetterlings.

Heute ist Dienstag. Seit Freitag
leuchten die Vogelbeeren.

Tage gibt es, an denen man sieht, daß ein Bild
schief an der Wand hängt.

Die Tüte sagt, daß sie eine Tüte ist,
die das Brot frisch hält.

Führerschein, Königsberger Klopse.

Waren wir die Läuse los, bekamen wir die Krätze.

Die Lesebücher wurden eingesammelt.
Nach einer Weile bekamen wir sie zurück,
mit fehlenden Seiten, geschwärzten Sätzen.

Erst verschwiegen, dann verschwunden, der Briefwechsel
der geschiedenen Eltern.

Schwer zu sagen, wo's ins Niemandsland geht.

Der Zug war voll, wir fanden ein leeres Abteil.
Als wir saßen und der Zug schon fuhr, merkten wir,
daß im Abteil die Fensterscheibe fehlte.

Hüpfend auf einem Bein, auf der Suche
nach dem verlorenen Schuh.

Wenn man auf sie wartet, kommt keine Post.
Strohballen am Straßenrand, versehen mit der Adresse
des Generationenvertrags.
Immer weniger, was ich erklären kann.

Die Meldung von Hitzeverbrechen in einem surrealistischen Gedicht.
Das Knistern von alten Papieren, die alles Vergessen
überstanden haben und warten, daß man sie
aus dem Schrank holt.

Und warum noch in den Süden fahren; die Hitzewellen
rollen unaufhaltsam auf uns zu; schon stehen
braungebrannt die Fichtenwälder; im Mittelgebirge
tauchen Strandkörbe auf.

Äste sägt der Nachbar ab … der Blick schweife frei
übers grüne Meer des Maisfelds. Du sagst, die Wogen
der Langeweile, darüber einsam der Milan kreist.

Sicher ist kein Vorgarten mehr. Nachts bricht schnaufend
Schwarzwild zwischen den Halmen hervor.
Wären wir Amerikaner, Waffen hätten wir im Haus.
Aber man staunt, was man alles so erlebt, heute
den heißesten Tag in einem halben Jahr.

Was soll ich auch anderes tun … vorm Schlafengehen
den Früstückstisch decken, damit der Morgen
nicht bei Null beginnt und Zeit verbleibt, ja,
Zeit wofür, wenn draußen kein Dienstwagen wartet.
Zu tun ist jede Menge. Im Traum las ich

ein Buch, dreihundert Seiten, und jede Seite
war leer, bis auf die letzte, wo ganz unten ein Satz
stand, den ich aufschreiben wollte und schon
vergessen hatte beim Suchen nach einem Stift.

Über Nacht die neuen Maulwurfshügel, eine ganze Kolonie.
Was bleibt da übrig vom perfekten Rasenschnitt ... du kommst
mir zuvor mit Schäufelchen und Eimer: die schönste Gartenerde
für Beet und Blumentopf ... für'n Gartentrecker, Powerreifen,
eine Runde und noch eine, und die ganze Siedelei
wäre wieder platt. Nun die Katze, die um das Gebrösel
herumschleicht; das Loch, in das sie starrt.

Zwei Birnen liegen viel zu früh im Gras.
Man kann sie zum Schnitzen benutzen, falls
das Küchenmesser scharf genug ist.
Sie schmecken nach Holz, als kaute man den Ast,
von dem, plopp plopp, sie runtergefallen sind.

Schattenfelder, Sonnenflächen, Kante an Kante,
die Grenze zwischen Entweder Oder.
Entscheiden muß man sich nicht. Kurzfristig
ändert die Lage sich von allein.

Wiedergefundene Sätze, im untersten Regalfach, Sätze
aus einem Früher, das nicht aufgehört hat, im
Hier und Heute mitzusprechen –
das Flüstern
der Erwachsenen und das plötzliche Verstummen, wenn
das Kind in der Tür stand.
Lautsprecher
in den Bäumen des Gartenrestaurants, in dem wir

Kuchen aßen bei Marschmusik.
Früh
aufgeweckt vom Klirren der Hufe draußen
auf dem Kopfsteinpflaster.
Kein schöner Land, übte
die Blockflöte in der Mansarde.
Hangabwärts
Schlittenspuren, dazwischen die Spuren
des Kübelwagens.
Gesichter,
die wir alle kannten, die Fotos der Gesichter, die
wir nie gesehen haben.
Nachts
der Engländer, tagsüber der Amerikaner, zwischendurch
der Maikäfer, die Schwalbe.
Es hört nicht auf.
Wie lange noch. Rasenflächen, Straßenpflaster, Höfe;
Ruhe soll nicht sein, wo eine Parkbank hinkann.

Wenige Wolken, gnadenlos bleibt die Sonne; am Ufer
drängeln sich die Wohnmobile. Frühäpfel
kollern vom Dach.
Kannst du mir die Zeitungsseite schicken
mit der Todesanzeige, die ich übersehen habe?
Daß keiner mehr den Namen kannte … man muß sich
fragen, was man selber zum Vergessen beigetragen hat.
Nun auch die Wespen, regelrechte Offensive. Sag
bloß nicht Ungeziefer. Rette sie, wenn eine
in der Cola schwimmt.
Lange her, daß ich abends Milch holen ging, zwei Liter
für zwei D-Mark; die rote Kanne hängt noch
am Haken. Geh doch nochmal. In aller Frühe stand
die Großmutter im Stall … »damit daß du

in den Ferien rote Backen bekommst«.
Stimmbruch, Geräusper und Singsang. Was man zum Liederabend
bekam, verstanden hat man's nur halb; man tat nur so
und tippte sich an die Mütze.
Die Landkarte der Trockenheit, die Farbmuster der
Waldbrandgefahr. Sechzig Meter Gartenschlauch schlängeln sich
durchs Gewächs; im Wasserstrahl ein Regenbogen.
Stehenbleibend weiterkommen, bis man sich abends
hinsetzen kann. Der Tag hat ein paar Epochen
mitgezogen, in denen sich vorbereitet hat, was
vormittags und nachmittags geschieht. Du hast dabei
keinen Finger gerührt … im Nachhinein weißt du, daß
du beteiligt warst, ob vorneweg oder nur so …

Kommt uns doch mal besuchen

nicht soviel Zeit
bis zum Zuspät; die alte Gegend erkennt man bald
nicht mehr wieder

rundum ein Geseufz
wie von weither mitgenommen vom Wind, aber wohlan,
wohlauf und alle Tassen im Schrank

schön von euch
zu hören; man denkt ja gleich, daß man
so viele Wörter nicht mehr sagen darf

ein Tag
wie gestern bis in den Abend von Westen her
die Wolken wie auf Planwagenreise

Gestern
der Anruf aus Rom es war ein Sturz der tödlich
ausging wie geht es euch denn nach
achtundfünfzig Jahren

kein Berlin mehr
mit den Bilderstapeln im Berliner Zimmer Herbststurmäpfel

auf dem Tisch vom Rand der Rieselfelder
                                        verboten ein Foto
zu machen das ich dann machte als der Wachhabende
zurück war im Häuschen
                                wiederholte Versuche
eines visuellen Erzählens im Jenseits der Fiktionen
am Ufer sich kräuselnder Seen
                                    Korrespondenzen
mit Pappelreihen sandüberwehten Bunkern Treppen
hinab zur Metro Tauben zwischen Zeitungsfetzen auf
der Schattenseite der Straße
                                    abends beleuchtet die Armee
mit riesigen Scheinwerfern das Meer, so ähnlich
Sarah Kirsch im Ahrenshooper Tagebuch 65
                                                keiner mehr da
denn wenn ihr nicht kommen könnt die jungen Leute
haben ja keine Ahnung
                                und wo keine Ansichtskarten
mehr schreibt mein Enkel Tristan
eine Ansichtskarte von der Insel Hiddensee mit Fahrrad
unterwegs von Halle an der Saale
                                        Herbstfeuer Amanda
wäre der Titel der nichtgeschriebenen Südparkgeschichte
der geheimgehaltenen Affäre seit Anfang der 40er Jahre
zwischen Gera Unstrut Saale in der Leihbücherei
                                                    Zane Grey
statt Karl May vom Nachttisch des Vaters die Nähe
Nevadas und der Salbeigeruch durchs Treppenhaus
im Reiterkostüm
                        ein nachgeholtes Verlangen
nunmehr passé, im Sommer im Ofen noch
Asche vom Winter
                        könnt ihr denn atmen
mit Maske bei dieser Schwüle am Plauer See weht

immer ein bißchen ein Lüftchen schon im Mittellandkanal
haben wir ein Sonnensegel aufgespannt
                                                            nachts die Fenster
offen für den Fall daß man wenn der Regen reinrauscht
aufsteht und sie schließt
                                                Vogelschwärme
huschen vorbei und keine Vogelkunde weiß Bescheid
woher wohin was ist denn los da oben
                                                            hinten
im Garten der Zaunrest das Unsichtbare
besteht nur aus Draht den
die Brombeeren tarnen
                                                Schußfeld Bauland
oder laß die Ziegen laufen, der Fensterblick hinaus
auf die Wiese
                                im Anhang folgt auf Wiese
hinter dem Haus der Wildwuchs das Winterbild 1 und 2
das Wochenende die Wochenvorschau Wolken im Spiegel
der Wunsch zu verschwinden
                                                    im Wald, im Holzhaus
schreibt Michael Krüger wöchentlich ein Magazin-Gedicht
vom Weiterleben in der Quarantäne
                                                            kommt uns besser nicht
besuchen den Wagen schieben wir in die Scheune und
verschieben einfach die Frist

Die Wespe bohrt sich ein Loch in die Birne,
die auf dem Gartentisch liegt.
Vor der Haustür steht der Vertreter
mit Staubsaugertüten. Er hält sich
die Hand vor den Mund; ins Haus,
wie sonst, will er nicht kommen.

Eines Tages, in einem Gedicht
von Lavinia Greenlaw,
schwamm ein Hirsch vor der Küste.
Woher er kam und wer es war,
der ihn sah, weiß ich auch nicht.
Nur weiß ich, daß dieses ein Gedicht
ist, das ich um mein Leben gern
selber geschrieben hätte, das Gedicht
mit dem Mönch auf dem Traktor.

Versäumte Gelegenheiten
wenn man nicht schreiben kann heißt das
ich höre in mir keine Stimme
ein Echo bleibt aus
ein Geräusch bricht ab

du kannst hören das Summen der Welt
legst du dein Ohr ans Holz des Telegraphenmastes
so dachte ich das Kind auf dem Schulweg

fröstelnd wenn der Griffel knirschte
auf der Schiefertafel

schreiben Sie als müßten Sie für jedes Wort
mit Geld bezahlen
wie früher am Schalter für Telegramme

Windstille beim Segeln
und wie wir uns in die Ruder legten
als sich das Boot der Grenzwache näherte

der Mann unterwegs mit einem Sack voller Steine
alle hundert Meter legt er einen Stein auf die Straße
er denkt dabei wie leicht am Ende er sich fühlen wird

in jedem Fall der Wasserhahn
ob Kaffee kochen oder Tee
zuhause bleiben wo man
atmen und sprechen kann

daß endlich einmal die in den Zimmern
stehende Hitze hinausgeht
kein Kissen kann mehr schlafen
auf Kreta ist es kälter
sagt die Wetterkarte und daß
von da unten der Wind jetzt kommt
soll ich dir einen Pullover holen

Das Klavier war verstimmt, im Tanzsaal
hochgestellt die Stühle auf den Tischen.
Links die Toiletten für die Herren, rechts für die Damen.
Das Bühnenbild eine Küste mit Palmen.

Wir hatten Illusionen, ansonsten hatten wir nichts.
Es gab Limonade. Zur Kur in frischer Luft kamen
die Mädchen aus dem Postscheckamt; in Mode
waren Schals um die Hüfte, Ringelsöckchen, Reißverschlüsse,
lange Kleider, aus Fahnentuch geschneidert
von der Tante, die Fahnenschneiderin gewesen war.

Wer was mitbekommen hatte, sprach nicht darüber; fast alle
kamen von woanders her. Aus der Küche kam ein Geruch
wie von Frikadellen, Bouletten sagte der aus Berlin.
Strohhalme, Haarnadeln, Streichhölzer klemmten zwischen

den Fußbodendielen. Der aus Köln-Holweide fragte, ob man hier mal kehren darf. Im Tanzsaal, sagte Wilhelm der Wirt, kamen immer Evakuierte zu liegen, Ausgebombte, Fremdvolk aus der kalten Heimat. Bohnensuppe auf der Speisekarte, am Sonntag wieder Frikadellen.

Wir trafen uns im Tanzsaal, weil es nirgendwo sonst was zum Treffen gab. Wir stellten die Pingpongplatte auf und spielten Pingpong zu viert. Am Mittwoch übte der Männergesangverein. Wir tranken Limonade. Wenn einer eine Zigarette hatte, ging sie reihum, jeder einen Zug. Für die Mädchen legten wir Geld zusammen und stellten die Stühle auf; sie tranken Limonade mit Strohhalm und kicherten beim Erzählen, was in der Stadt alles los war.

Wir redeten von Städten, die wir nicht kannten. Eines Tages brachte Gerda eine Illustrierte mit, mit Strandphotos von Westerland auf Sylt, wo schöne, braungebrannte Körper sich in der Sonne aalten. Ein Photo zeigte das Lokal in Paris, das Tabou hieß, und am Rand des Boulevards stand ein schwarzes offenes Auto. Im Auto und drum rum sah man einen Pulk von Leuten, die alle Existentialisten waren, alle in schwarzen Klamotten, die Mädchen mit langen Haaren und Pony.

Draußen auf dem Klo sagte Heiner, daß er jetzt weiß, wie ein Zungenkuß geht. Und daß er sich immer vorstellt, mit Hella auf der Pingpongplatte zu liegen. Wenn wir uns trafen, hatten wir 'nen ordentlichen Fußmarsch hinter uns; schon mal ein Fahrrad, das Vater oder Onkel ausgeliehen hatte, ausnahmsweise mal. Die Mädchen ließen sich schon mal zu einer Spritztour überreden, hinten auf dem Gepäckträger oder auf der Stange vorn, aber nicht weit und bloß nicht durchs Dorf, es wurde ja gleich schon darüber geredet.

Einmal stieg Georg zur Bühne hoch und versuchte sich am Klavier. Die Mädchen wollten Schlager hören, die sie aus dem Radio kannten, oder Boogie Woogie zum Tanzen. Georg klimperte Jenseits des Tales standen ihre Zelte; beim Mitsingen hörte Jupp plötzlich auf und sagte, die Mitsingerei sei er leid. Er trug noch die Reiterstiefel der Reiter-HJ, die Breeches-Hosen hatte sein Vater getragen, Rittmeister, noch in russischer Gefangenschaft.

Was es war, worauf wir warteten, konnte keiner sagen; es kam auch keiner darauf, darüber sich groß Gedanken zu machen. Wir trafen uns alle paar Tage, und meistens machten wir zusammen Hausaufgaben. Wir lästerten über die Lehrer, die Flaschen in der Handballmannschaft, die Jüngelchen vom CVJM. Montags ließ uns Wilhelm der Wirt die Sportseite lesen, und wir studierten die Spielberichte aus der Oberliga West. Wir hatten wieder Helden, Kelbassa, Janes, Michallek, Tibulski, Lenz, den Herkenraths Fritz, früher hatten wir Mölders, Galland, Prien. Fast alle Väter waren wieder zuhause und erzählten wenig oder gar nichts.

Spät im Herbst waren die Mädchen wieder weg; die Erholung in der Landluft hatte ihnen gutgetan. Es wurde kalt im Tanzsaal; wenn wir uns trafen, brachte jeder ein paar Stücke Holz mit für den großen Ofen. Wir saßen um den Ofen herum und lasen die Ansichtskarten, wenn welche von den Mädchen kamen aus der Stadt. Mit Hella wechselte ich ein paar Briefe, und wir trafen uns einmal, als ich zu Besuch war in der Stadt. Ein ganzes halbes Jahr später sah ich sie nochmal auf der Deutzer Brücke. Aufgedonnert wie sie war, erkannte ich sie kaum wieder. Sie hatte jetzt eine Stelle im Pelzehaus Malkowsky und führte Pelzmäntel vor. Sie sagte, sie hätte keine Zeit mehr für einen Kaffee trinken gehen, aber gute Freunde könnten wir ja bleiben.

Vergessenes Erleben, aber man kann sicher sein,
daß es mitgewirkt hat, später, wenn wieder einmal
eine Situation entstanden war, bei der man nicht wußte,
ob nach der Dämmerung die Nacht kommt oder der Morgen.

Man hört nicht auf zu lernen, und wir kennen
die Regeln. Aber es hilft nichts,
die Feindseligkeiten gehen weiter.

Im Herbsthimmel brummen Sportflugzeuge.
Eines zieht einen Segler hinter sich her.
Fallobst liegt auf den Wiesen,
über denen die Fesselballons schwebten.

Abends kommt der alte Jeep in die Scheune.
Tannenzapfen haben auf dem Wagendach
Beulen hinterlassen, die so klein sind,
daß man sie nicht sieht.

Seit die Nachbarin das Eichhörnchen füttert,
klaut es uns keine Nüsse mehr.

Festgerostet hat sich die Eisentür
zum Keller, in dem zwei Feldbetten standen.

Kein Weiterkommen. Zurück ins Landkartenzimmer.

Wir telefonierten und erzählten von Straßen,
wo alte Häuser abgerissen werden.

Morgens ist die Regentonne voll.
Nicht mitbekommen, daß es nachts geregnet hat.

Wenn man jetzt schon alles wüßte,
könnte uns in Zukunft nichts mehr überraschen.

Ein Radfahrer nähert sich, eine Wetterfront, eine Bankenkrise,
ein Jahrestag, das Blaulicht der Ambulanz, das Wochenende,
der herabfallende Dachziegel, ein reitender Bote,
ein Schlauchboot, das Ende der Warteschlange, des Kohlenvorrats,
der Geduld und Toleranz, der Fichtenwälder und Benzinkanister,
ein unbestimmbares Geräusch.

Einer nach dem anderen

wen gibt es denn noch
von denen die dabeigewesen sind
Jungzug Teja
Langemarckgymnasium
Zeppelinstraße
Hollenbergschule
SV Rossenbach
Dellbrücker Laienspielschar
Campi Hohe Straße
Abiturklasse
Westdeutsches Zimmertheater
Electrola
Kulturelles Wort
Galerie Der Spiegel
Paris Bar
Rowohlt Reinbek
Gruppe 47
Hanseatenweg
Lindenstraße
Höllerers Zirkus
Lindenallee

Fa. Walther & Cie
und wie der Entwurf
von Sprinkler-Anlagen den Verlauf der Biographie
gesteuert hat
eine Zeit in Momenten in einer Reihe
von Wörtern
Fortsetzung mit open end
im Interview mit tröpfelnden Namen
keinen kennen
die ersten Semester

Sehschwäche morgens, aber dann
fällt ein schmaler Sonnenstrahl auf das Bild
an der Wand, und das im Dunkel
liegende Gehöft, die notorischen Pappeln, der Feldrand
glänzen minutenlang auf, so lange,
daß ich sagen kann, was ich sehe.

Wolken schieben sich vor die Sonne.
Schon ist es kalt.
Die Wiesen sind trocken, zu trocken
für die Kraniche, die gleich weiterfliegen.

Die Blätter, die sich vor den Fenstern bewegen,
bald sind sie unten, und es wird
heller in den Häusern.
Bald wird es alle die Laubhaufen geben,
und das große Geraschel geht los,
gelbe Musik, vom Wind dirigiert.

Kirschblüte, Erdbeerernte, die Wörter,
die fürs Herbstprogramm nicht vorgesehen sind.

Am Strauch die grünen Tomaten
werden keine roten mehr.

Die Entdeckungen sind gemacht; du kommst
ein bißchen spät mit deinem Streifen Morgenrot
über den Dächern.

Wir schweifen ab und sind nicht im Haus, aber
wir kommen immer wieder zurück.

Wasser holen für die Vogeltränke.

Der plötzliche Wassergeruch des Schwielochsees.

Von Westen wie von Osten treiben Wolken heran,
und man denkt, wenn sie aufeinanderprallen,
stürzt der Himmel ein.

Daß es nur das Alter ist, sagt der Arzt.

Man denkt an das, was nicht geschieht.

Späte Rosen. Frühe Fröste.

In einem Zimmer an der Wand hängt
seit vielen Jahren eine Landkarte.
Sie ist hängengeblieben, und man sieht ihr
nicht an, was alles im Land sich verändert hat.

Den Möbeln eine Stimme geben, damit
sie endlich erzählen können.

Summend kreist eine Fliege im Zimmer. Man macht
das Fenster auf und wartet, daß sie hinausfliegt.

Auf dem alten Photo sieht man die Straße, auf der
ein Auto steht. Geht man vor die Tür, sieht man,
daß auf der Straße ein Auto hinter dem anderen steht.

Man sieht, das Zimmer ist verlassen,
und die Schränke stehen offen.

Wenn wir zurückkommen, wissen wir nicht,
was sich getan hat.

Noch hängen die Vogelbeeren, aber ihr Rot
leuchtet nicht mehr, und die beiden Elstern
im Gezweig fliegen gleich weiter.

Die Wolkendecke öffnet sich am späten Nachmittag.
Das Licht, das den ganzen Tag an war,
jetzt kann ich es ausmachen.

Ich greife in den Korb; die Hälfte der Äpfel ist schon faul.

Daß es nie zu spät ist, sagt der Arzt.

Ich ziehe den Handwagen hinter mir her
durch hohes, nasses Gras, und das Haus,
oben am Wiesenrand, kommt langsam näher.

Aus Bochum ruft die Enkeltochter an und sagt,
daß sie im Wald spazieren geht.

Es ist Sonntag, und ich spüre es daran,
daß ich mich langsamer bewege.

Die Dahlien haben kapituliert.

Verwittert der Grabstein im Wäldchen.
Damals der Tag im Oktober.

Dieses müd morbide Gelb vorm Fenster
auf einmal
über Nacht der Farbenaustausch im Magnoliengezweig
wir schliefen als Entscheidendes passierte
nun wissen wir
was wir längst wissen und daß wiederkommt was
nie verschwunden war –
noch lesbar der Name
in der Schrift des Oktobers
stumm bleibt
nach allem Sommergeraschel die serielle Komposition
der Stoppelreihen –
Laubgewirbel in der Kurve
in diese Wälder flohen die Nachbarn
wenn der Feind
zog durchs Land
in den alten Gruselgeschichten
noch kein Wort wie Kriegsverbrechen
irgendwo
brannte es immer mal im Dorf –
dann wieder
langes Nachtschwarz vorm Fenster
der schönste Augenblick
im Jahr ist wenn man die Uhrzeit zurückdrehen kann
um eine Stunde
wie viele könnten es mehr sein
gestern der Tag fängt nochmal nicht an –

Nun zieht sich der Nachmittag hin.
Es dämmert ewig. Blatt fällt nach Blatt.
Alles ist naß, ohne daß es regnet.
Alle giftig, die weißen Kolonien der Pilze.

Die Abendnachrichten fangen an
mit Meldungen von der Virusfront,
und die Kinderabende sind wieder da,
als der Nachrichtensprecher meldete,
zuallererst, allabendlich,
was das Oberkommando der Wehrmacht
von der Front, von den Fronten
bekanntgab.

Was alles so ausbleibt und fehlt an Blickkontakt,
wärmender Nähe, vertrautem Genuschel, Umarmung
und Küßchen … auch wenn wir nur eine Minderheit
sind, als Wirtschaftsfaktor stehen wir ganz oben …
Blätter bewegen sich und rascheln nur, wenn der Wind
kommt und geht durch die Bäume … ja wäre ich
eine Libelle, ich könnte fliegend stillstehn in
den Lüften … Sätze wie Namen von Gegenden
und Orten, die auf der Landkarte weit voneinander
entfernt sind …

Bestandteile der Umgebung.
Nachmittags, wenn sich das Licht senkt, beginnen
die Hügelketten den Himmel zu berühren.
Verschwundenes taucht in früheren Beschreibungen auf,
die Römerstraße, die Raketenstellung, Gehöfte ohne
Wasserleitung und elektrischen Strom.
Vogelschwärme kreisen überm Tal.
Weiße Sprossen, grüne Läden, schwarze Balken.

Sich wiederholende Wahrnehmungen von etwas,
das man wie zum ersten Mal sieht.
Skulpturen aus Dampf, die bei Windstille unbewegt
über den fernen Kühltürmen stehen.
Flugschneisen zerschneiden den Himmel, die hohen für
die internationalen Linien, die tiefen für
den nächstliegenden Airport.
Verkehrskreisel inmitten von Wald.
Mauerreste am Flußufer, wo eine Brücke war,
eine Sägemühle, ein Hammerwerk, ein Abwehrturm.
Die Suche nach einem Echo führt zu einer Felswand.
Kein Wolf, der von Westen kommt.
Ein Hohlweg, und man war gerettet.
Die Anordnung der Geräte im Geräteschuppen des Großvaters.
Orte gibt es, die man erfinden muß,
wenn man sie wiedersehen will.
Piloten haben die Photos gemacht, auf denen man,
Jahrzehnte später, die Trichter sehen kann, die
ihre Bomben hinterlassen haben.
Waldsiedlungen, errichtet von Evakuierten.
Morgens weiße Wiesen im November.
Das Kesselhaus der Firma Walther und die Wiederkehr
der photographierten Zeit.
Das Schrillen der Vorortbahn vor den Bahnübergängen.
Alter Friedhof mit Tempelbauten über den Gräbern.
Vorgärten mit Fahnenstangen und klirrenden Drähten im Wind.
Im Sommer hielten sich die Leute Taschentücher
vor die Nase, wenn der süßliche Geruch der Gummifabrik
durch den Vorort zog.
Die Züge, die wir rauschen hörten nachts.
Quer über die Landstraße die Routen der Krötenwanderung.
Keine Zukunft mehr für Kiefernwald; die Einstweiligkeit
der Landkartenzeichen.
Das Geschepper der Milchkannen, in der Frühe aufgereiht

am Straßenrand für das Fuhrwerk der Molkerei.
Kerzenlicht im Karren des Schäfers.
Der Schulweg übern Wiesenpfad an der Flakstellung vorbei,
den matt schimmernden Rohren der Achtkommaacht.
Teerpappe unter nassen Schichten von Laub.
Die Legende von den weißen Gestalten der Seele,
die im Nebel durch die Ebene ziehen.
Einst allein stehende Häuser.
Dämmerung mit Fledermäusen.
Der Wald gegenüber, der Anfang der Endlosigkeit.
Die Schneise, und man weiß,
daß es ein Diesseits und ein Jenseits gibt.

Keine Reise, wir sitzen am Fenster,
und wenn wir telefonieren, erzählen wir,
was sich vorm Fenster draußen tut.

Lies mal aus dem alten Kochbuch vor,
dann kommt Leben in die Küche.

Alleine lebend, Dialoge erfindend.

Über das sprechen, was auf den Photos zu sehen ist,
die man gar nicht zu sehen bekommt.

Kennst du die Namen alle der Nachbarn?

Seit Jahren wächst Efeu ins Zimmer hinein.

Abends sitzen wir nicht am Fenster; abends
ziehen wir die Vorhänge zu.

Grübelnd, wer gesagt hat, daß selbst
unser Schweigen ein Zitat ist.

Zehn nach fünf, und es ist schon ganz finster,
und ich wollte im Hof noch kehren.

Rätselhaft, warum das vom Küchentisch herab
gefallene Feuerzeug nicht unterm Küchentisch liegt,
sondern weiter nördlich davon.

Was ich sage, wenn ich spreche im Schlaf.

Sieh mal, Geld ist auf dem Konto
eingegangen, eine unverhoffte Nachzahlung.
Was schulde ich dir? Wir haben nicht
darüber gesprochen; dabei ging es gar nicht
um Geld. Die Zusammenhänge sind
wie Gestrüpp, das nicht aufhört weiter
zu wuchern. Zum Entwirren brauche ich mehr Zeit,
als wir haben, unabhängig von Dingen wie Geld und
wie lange es reicht.

Nun sag was, irgendwas, über
das zerbrochene Brillengestell. Das passiert dir
doch öfters, daß Kaputtgehbares dir
aus der Hand fällt. Du bist jetzt dran,
eine unbedachte Bewegung zu erklären, und
das heißt, die Herkunft, den Wegeverlauf
des Unbedachten zu ermitteln. Das kann dauern,
und sicher gelingt es dir nicht, aber was tut man
nicht alles, was man nicht kann.

Schneeregen und noch Rosen.
Zur Probe heulen Sirenen.
Der Kellerausstieg und das Moos.
Rauch zieht über die Mauer.
Geschichtsverein und Neue Sachlichkeit.

Und die Maschine, die übers Haus fliegt,
sieht man nicht wiederkommen.
Und den Tag heute gibt es nur einmal.
Und du sagst, daß du das alles weißt.

Sommer war mit Zelt und Segeln; halbleer
liegt die Bevertalsperre. Trockene Jahre, in denen
Versunkenes aufgetaucht ist, das keiner mehr kennt,
Rasselstein, Fröhlenhausen, Gillesbever,
die Weiler unterm Wasser eines Wasserbauwerks,
das zweitgrößtes war im Kaiserreich.
Weißt du Bescheid? Ganz sicher, zum Campingplatz
schafft es dein historischer Bulli, mit einem H
auf dem Nummernschild, und Grillkohlenrauch
steht überm Ufer. So war's, als Sommer war
und die Legende aufkam, daß hinter Hückeswagen
die Kanadische Wildnis beginnt. Hast du
Photos gemacht? Noch kauft das Grubenholz der Chinese,
und die Grillkohle ist dabei, ihre Unschuld zu verlieren.

Tief die Sonne im Dezember. Der Blick
aufs Teerpappendach, auf einen schwarzen Glanz,
den nur ein Garagendach kennt.

Warten auf den Abend und daß man sich
den ersten Schluck genehmigt.
Man hätte es auch anders sagen können, aber

man hat es nicht anders gesagt.
Warum stellst du dich quer und gehst wieder
wortlos aus dem Zimmer … es gab doch
ein Verstehen ohne Türeschlagen, früher, als
ich noch nicht schwerhörig war. Wenn die Küchenuhr
nicht mehr tickt, ist sie stehengeblieben. Kannst du
ihn nicht mehr ansehn, den alten Pullover, soll ich
ihn ausziehn? Daß es sie gibt, die Hochnebelobergrenze,
verzeih, ich habe sie nicht erfunden. Und jetzt muß ich
aufstehn, um aus dem Schuppen den Korb Holz zu holen.

Durch die Luft zieht das Knistern
von Wintergraphik, und damit du weißt, was
ich meine, zeige ich zu den Zweigen hoch.
Der Laubwall hinter der Scheune sackt
langsam in sich zusammen … nun ja, ich hatte
versäumt, das Laub in die Biosäcke zu stopfen.
Schlamm steht zwischen den Stoppeln,
ein Fall für schweres Gerät.
Im Dunkel ein Schwan, als hätte er sich
verirrt. So vieles sage ich, das ich nicht
beweisen kann. Die Jahreszeit ist eben so,
daß man die Hoflampe besser anläßt.

Im Briefkasten die Klappkarte
mit dem Foto von einer Frau,
die inmitten einer Wiese steht
mit einem Blumenstrauß im Arm.
Man klappt die Karte auf.
Zeit vergeht, bis man begreift,
daß sie ihren Tod anzeigt.

Schnee im Landkreis Euskirchen, sicherlich
ein Gerücht. Man sieht auf dem Bildschirm

keine Flocke schweben. Vielleicht meint jemand
sagen zu müssen, daß sich am Eifelrand was tut,
mehr als im Oderbruch, von wo die Wölfe
wegwandern. Die Landkarte macht keine Angaben
über die Stimmungslage, oder welche Dörfer es sind,
wo die jüngsten Bewohner alle hoch in die Achtzig sind.
Handgeschriebenes, gelegentlich auf einer Ansichtskarte,
wie um mitzuteilen, daß es noch gibt, was einmal
die Post war mit einem Postamt in einem roten Ziegelbau.
Schnee unterwegs, versprochen; mal sehen, von wo er kommt.

Die Abstände werden größer, so, wie es
vorgesehen ist, wenn wir einen Raum betreten.
Besucher bleiben eine Stunde; Schichtwechsel,
die nächsten warten schon auf ein Stück Kuchen.
Vermummte, puppenhafte Figuren mit Fellmaske,
Gasmaske, murmeln querdenkend vorm Zaun.
Bilder stapeln sich im Gehege; bis man sie
zu sehen bekommt, vergeht nochmal ein Sommer.

Die Neue Landschaft im Katalog von 1976.
Norddeutsche Namen, die weiter südlich man nicht
ausrufen kann. Es geht ungerecht zu, wenn
die Kunstgeschichte Bekanntheitsgrade verteilt.
Kannten wir uns nicht?
                                        Ich schaute hinab
aus dem achtzehnten Stockwerk; Gesichter
waren nicht zu erkennen. Vorgärten, Feldscheunen,
Bahnlinien hätten wir malen können, aber
darum ging es nicht. Es ging darum, ob man
bleibt oder geht oder fliegt durchs Fenster
am Ende des Korridors. Tief hing der Himmel
über der Landschaft, die täglich ich sah, oder

auch nicht, denn ständig stand auf dem Balkon
das nebelweiße Nichts.
Jahrzehnte später
ist der Katalog nun wieder da; ich hatte vergessen,
daß es ihn gibt. Jetzt meine ich, daß wir
uns kannten; nur schweigt dazu die Kunstgeschichte
und sagt nicht, wer es war.

Das Ticken der Küchenuhr und wie es sich
gleichmäßig fortsetzt ... es sagt nicht,
auf welchen Zahlen die Zeiger stehen.
Zu früh noch, zu spät schon?
Keine Schneeflocke hat man fallen hören,
aber draußen ist alles weiß.

Wir sind benachrichtigt und können kommen.
Zuvor der Termin, aber die Warteschlange ist endlos;
es sind so viele; wenn es zu viele sind,
dann eben nicht. Oder später im Sommer.
Ein bißchen spät bis dahin, aber längst
wissen wir, was alles falsch sein kann.

Der kalte Tag, das warme Zimmer.

Welch eine Jugend ohne Kohlenschaufel.

Der Schneemann in der ersten Woche Februar.

Warten, bis man der nächste ist.

Wir spüren, in Mailand ist es kälter.

Hin und her geht auf der Terrasse die Krähe.

Die Zahlen täglich in der Zeitung.

Verstummt die Stimme von Sabine Töpperwien.

Vereisung droht den Straßen nach Bochum.

Nach Zutaten suchen, hinten im Schrank.

Das Motiv ins Zimmer wehender Gardinen.

Kein Radio beim Frühstück.

Mitbringsel. Ostpreußisches Gänseschmalz.

Die Striche der Gedanken.

Im Korb gezählte sieben Apfelsinen.

Im Schnee die Fahrradspur des Postboten.

Helga called the panzerdivision.

Winzige Teilchen, riesige Haufen.

Nachts, wenn wir die Nachtjäger hörten.

Empört euch, der Frost bedroht den Borkenkäfer.

Wir Alten sind alle zu alt geworden.

Sag's nochmal.

Früher wären wir um diese Zeit verreist.

Geräumte Klassenzimmer, Verwundete und Evakuierte.

Die Hände falten und nach draußen hören.

Verwandte auf dem Land besuchen.

Amseln, im Wassereimer das Eis aufpickend.

In der Frühe Kratzgeräusche auf der Straße.

Nachbarn verschwinden und sind wieder da.

Zimmer, in denen das Licht von alleine angeht.

Gehn wir das Wintergemüse ernten.

Wie um zu beweisen, daß es auch anders geht
nebeneinanderher laufende Sprechweisen
im Wechsel täglicher Wahrnehmungen
ob es schneit oder ein Reh über die Straße springt

der Tisch bleibt leer die Küche kalt
vor dem Hintergrund einer Landkartenwand
mit einem Blick ins Ungewisse
abwartend was kommt
in Bewegung gebracht

Titel für visuelle Ereignisse
zögernd entstehende Korrespondenzen
alle die Spuren in geräumtem Gelände
die Folgerichtigkeit dessen was wie ein Zufall

beim Wachwerden versuchen das Traumgeschehen festzuhalten
nebenher die ausgedachten biographischen Verläufe

umgeben von Gewohnheiten
das Entstehen eines Repertoires
überall der Punkt auf den es ankommt
was sagen Sie nun zwei Stunden lang
zwischen Eingang und Ausgang
von einer Endstation zur anderen

deine Heimat ist hier nicht mehr
im Treppenhaus mit braunen Kacheln
wie aus dem Später ein Früher wird
wo die Geschichte der Geräusche anfing

Buchstaben zählend na und
einmal das Bild mit zweimal derselben Scheune
der Notizblock neben dem Telefon
erst stotternd und dann fließend

allein und in der Menge
dribbelnd zwischen dieser und jener Bedeutung
verborgen gehaltene Schwachstellen
offenkundig gewordene Mängel

das darüber gewachsene Gras
an den Rändern einer noch möglichen Verständigung
winkend am Ufer
regelmäßig Zeitungskiosk
Streichhölzer im Regen
unverhoffter Glücksmoment
in Gang setzen was nicht geht
das Nachlassen vor dem Aufhören

Zugvögel zurück in den Norden … nachmittags, als
der Mond schon im hellen Himmelblau stand, hörte
und sah ich den ersten, den nächsten, den folgenden Keil;
krächzend kreisten sie alle über der Ebene, bis sie
zusammenfanden in einer Kette, die rasch dann
hinter den Hügeln verschwand –
                                        zurück ins Haus,
Holz für den Ofen. Der Winter war wie
nach dem Krieg; keiner kam da auf die Idee
von gestohlener Kindheit. Geh raus an die frische Luft,
kommst heim mit roten Backen. Der Eiszapfen zerging
auf der Zunge, und für die schönste Laubsägearbeit gab es
als Preis ein neues Sägeblatt –
                                        frag doch, wer noch
dabei war und vier Wochen lang den Handwagen zog
von hinter der Oder für vier Jahrzehnte bis zur Elbe,
dann fing die nächste Vergangenheit an, und schon sind,
nein, futsch sind nicht alle Zettel, Kärtchen, Kalender;
sieh mal nach im Speicher –
                                        Entwürfe für Räume, wo nicht
in jedem Wandschrank eine Schicht Erinnerung knistert. Aussicht
auf freies Feld, über das die Schatten der Wolken wandern.
Kritzle und bewerbe dich, kannst eine Installation auf dem
Parkplatz; kannst nichts, was nach oben schiebt die Quote –
                                                                        zähl
Jahre nach, aber mach keinen Strich, ein paar Jahreszeiten
sind noch unterwegs, und die Abendbilder hören nicht auf
zu leuchten. Drückt man die Taste Vivaldi, bekommt man
ein schönes Geräusch, und dreht man an der Himmelsrichtung,
fühlt man sich morgens jünger als gestern. Bloß fehlen
noch Punkte für den Klassenerhalt, so oder so, die Stille
spielt mit zwischen Zuruf und Pfiff; vorerst bleibt leer
die Tribüne –
                        vergessen, was man vergessen hat; geblieben,

was noch zu tun ist. Zeitlebens ist geblieben ein Rest,
und du weißt nicht, wenn sie wegkehren das Zeug oder
wiederverwenden, was die Nachkommen sich dabei denken.
Nachtfröste mitten im März, in jedem Fall das Wasser
abstellen, und tagsüber ist es so kalt, daß man
einen Pullover braucht für draußen –

Inhalt